THE
VINKINGS

维京人传奇

战斧和长船征服世界的历史

〔加〕勒内·沙特朗〔René Chartrand〕/〔英〕马克·哈里森〔Mark Harrison〕
〔英〕基思·达勒姆〔Keith Durham〕/〔英〕伊恩·希斯〔Ian Heath〕 著

夏国祥 译

ZHEJIANG UNIVERSITY PRESS
浙江大学出版社

图书在版编目（CIP）数据

维京人传奇：战斧和长船征服世界的历史/（加）勒内·沙特朗（René Chartrand），（英）马克·哈里森（Mark Harrison）等著；夏国祥译. —杭州：浙江大学出版社，2019.5

书名原文：The Vikings: An Illustrated History Guidebooks

ISBN 978-7-308-18677-3

Ⅰ.①维… Ⅱ.①勒… ②马… ③夏… Ⅲ.①北欧—中世纪史—通俗读物 Ⅳ.①K530.9

中国版本图书馆CIP数据核字（2018）第228084号

著作权合同登记号：图字 11-2018-276号

维京人传奇：战斧和长船征服世界的历史

（加）勒内·沙特朗　（英）马克·哈里森　（英）基思·达勒姆　（英）伊恩·希斯　著
夏国祥　译

责任编辑	罗人智	
文字编辑	孙　鹏	
责任校对	闻晓虹	
出版发行	浙江大学出版社	
	（杭州市天目山路148号　邮政编码310007）	
	（网址：http://www.zjupress.com）	
排　　版	西风文化工作室	
印　　刷	浙江印刷集团有限公司	
开　　本	880mm×1230mm　1/32	
印　　张	8.75	
字　　数	155千	
版 印 次	2019年5月第1版　2019年5月第1次印刷	
书　　号	ISBN 978-7-308-18677-3	
定　　价	62.00元	

版权所有　翻印必究　印装差错　负责调换
浙江大学出版社市场运营中心联系方式（0571）88925591；http://zjdxcbs.tmall.com.

CONTENTS 目录

CONTENTS

目录

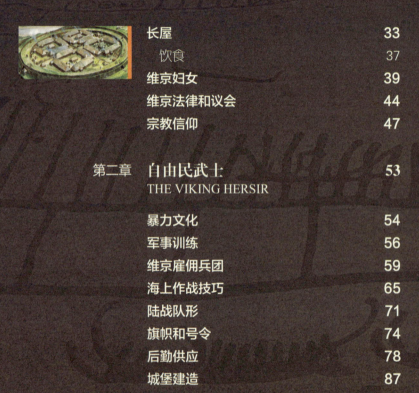

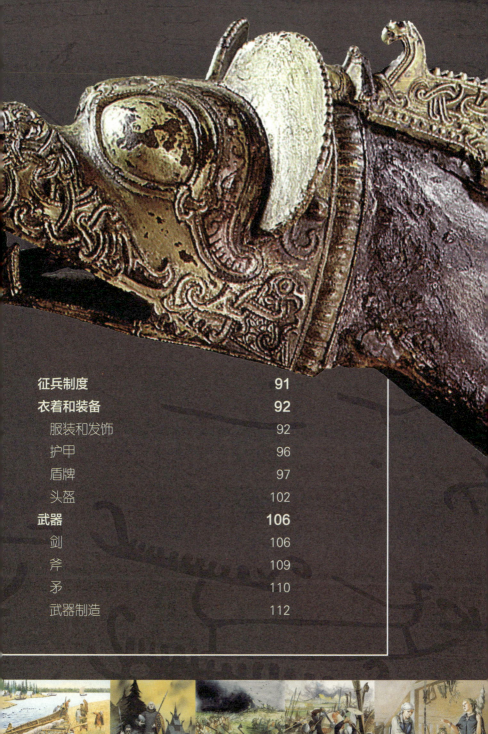

CONTENTS 目录

CONTENTS 目录

维京时代
大事编年
THE VIKING'S
CHRONOLOGY

雕刻动物头像柱，来自于大约公元834年的奥塞贝格陪葬船。（图片来自Werner Forman/Universal Images Group/Getty Images）

约公元前350年　作为献给神的祭品，约特斯普林古船被沉没于今丹麦南部的沼泽中。

约350—400年　尼达姆古船作为献祭品被沉没于日德兰半岛南部。

约700年　维京人建造克瓦尔松古船。

789年　威塞克斯国王贝奥赫特里克的地方官为维京人所杀。

792年　麦西亚国王奥发在肯特地区建造针对"海上异教徒"的防御设施。

793年　维京人突袭林迪斯法恩岛。

795年　维京人突袭爱奥那岛。

799年　维京劫掠者离开卢瓦尔河河口。

约800年　维京人建造奥塞贝格古船。

810年　丹麦维京人进攻法国加洛林王朝所属的弗里西亚省。

830—850年　维京人进攻法国海岸和英格兰南部地区。

约834年　奥塞贝格古船被埋葬在今挪威的西福尔郡。

835年　维京人在英国韦斯特郡登陆，为西撒克逊王埃格伯特所击败。

约850年　第一位挪威王哈拉尔·哈法格雷诞生。

851年　维京军队首次在英国过冬，扎营地点在萨尼特岛。

865年　维京人首次在英国肯特地区居民中征收丹麦税。

867年　维京海盗首领朗纳尔的儿子们攻击并占领了英国约克郡。

约870年　哈拉尔·哈法格雷统一挪威。维京人远航至冰岛，并在冰岛定居。

约872年　哈伏斯峡湾之战。

877年　麦西亚王国为维京人所攻破。

879年　东盎格鲁王国陷落。

886年　丹麦王古特仑和阿尔弗雷德缔结和约。同年发生巴黎围城战。

约890年　维京人建造科克斯塔德古船。

895—905年　冰岛诗人、武士埃吉尔·斯卡拉格里姆松诞生。

930—937年　统一的君主制的威塞克斯王国复兴。

约937年　布鲁南堡之战。

940—954年　维京人的约克王国断续地保持独立。

978年　埃塞尔雷德二世即位。

980年　维京人再度劫掠英格兰。

10—11世纪的东方维京人。在东方游历的维京商人和武士不可避免地要穿戴和使用各种斯拉夫式和中亚风格的服装和武器，并将它们带回斯堪的纳维亚半岛，如图所示。（Artwork by Angus McBride, © Osprey Publishing）

约985年　埃吉尔·斯卡拉格里姆松逝世。

约986年　"红发"埃里克在格陵兰岛发现东方和西方殖民地。

991年　莫尔登之战。

991—1015年　强征大量丹麦税。维京海盗"高个子"托鲁特尔在英格兰频繁活动。维京人国王斯维因宣称丹麦人对英格兰拥有统治权。

约1000年　有维京人开始在纽芬兰岛兰塞奥兹牧草地定居。

1014年　克隆塔夫之战。战后，爱尔兰人摆脱了维京人的控制。

1016—1035年　北海"维京帝国"时期，维京人克努特王统治英国、丹麦和挪威。

约1025年　罗斯基勒6号古船建造完成。

约1030—1050年　斯库尔德拉夫1号古船在挪威西部建造完成。

约1040年　斯库尔德拉夫3号古船建造完成。

1043—1066年　"忏悔者"爱德华统治英国，在此期间发生了斯坦福桥之战。

1085年　丹麦王斯维因·阿斯特里德松远征英格兰东部失败。斯堪的纳维亚人的威胁结束。

绪　论
INTRODUCTION

6—7世纪的斯堪的纳维亚武士。图中的武士死亡时间为林迪斯法恩岛遇袭前一百多年间，就此而言，其属于维京人的祖先。
（Artwork by Gerry Embleton, © Osprey Publishing）

维京人是何许人也？

789年：在这一年，英国威塞克斯王国的国
王贝奥赫特里克（Beorhtric）迎娶了麦西亚王
国（Mercia）国王奥发（Offa）的女儿伊德布尔
（Eadburh）。在他的统治期内，北欧人的船只
（三艘）第一次造访英格兰，地方官不知他们是何
许人也，骑马赶到其登陆地点，试图强迫他们去附
近的皇家庄园，结果被他们所杀。这些船是第一批
来到英格兰的丹麦船只。

《盎格鲁-撒克逊编年史》（*Anglo-Saxon Chronicle*）[1]
记载说，789年在英格兰发生了第一次海盗袭击，出现了第
一位被维京人劫掠的受害者。四年后，793年，接着又出
现了一次更为知名的袭击，这次袭击发生在林迪斯法恩岛
（Lindisfarne）上的修道院。"迄今为止，据我们所知，在

---

[1] 英王阿尔弗雷德在位时组织学者编写的盎格鲁-撒克逊时期的编年史。——译者
注

此之前，英国从未遭受过这种来自异教徒的恐怖的袭击，"当时的学者阿尔昆（Alcuin）[1]说，"人们从没想到会遭到这种来自海上的攻击。在圣卡斯伯特教堂（the church of St Cuthbert），到处都是神职人员的血迹，教堂所有的珍贵装饰品被劫掠一空。一个在英国最受人尊重的地方成了异教徒的猎物。"

这种将维京人描述成嗜血的异教徒的说法，源于更早期的"野蛮的北方人"观念。对于地中海世界的古典作家来说，世界是一个完美的平衡体。炎热、干燥、光明和文明位于南方，而与这些因素对立的寒冷、潮湿、黑暗和野蛮则位于北方。罗马人最初意识到这两个世界并不十分和谐大约是在公元前100年辛布里人（Cimbri）和条顿人（Teutones）迁移到高卢地区南部时。罗马人知道这些部落起源于今天的丹麦半岛，但控制它们对帝国采取威胁行动的中枢却在更遥远的北方。根据罗马历史学家约丹尼斯（Jordanes）的描述，极具破坏性的东哥特人和西哥特人属于经济移民，来自人口过度拥挤的波罗的海诸岛中的哥特兰岛（Gotland）。

罗马帝国衰败后，将斯堪的纳维亚人视为野蛮威胁的观念并没有消失。罗马帝国传统的主要继承者是法兰克人城邦。法兰克人发现，随着时间的推移，位于更遥远区域的北方人对自己的威胁不断增加。根据图尔主教格雷戈里（Gregory of Tours）和佚名的《贝奥武甫》（*Beowulf*）的记

---

[1] 英国学者、牧师、诗人和教师，大约生于935年。——译者注

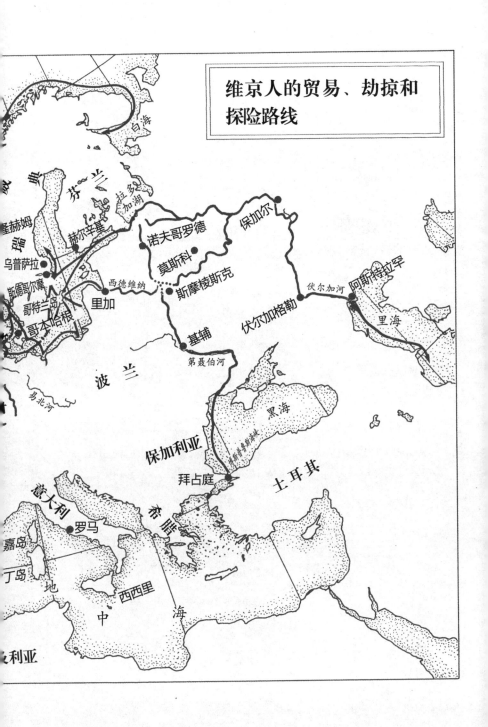

维京人的贸易、劫掠和探险路线

"维京"一词的起源

　　"维京"一词的真实起源至今仍不确定，虽然有越来越多的学者倾向于认可该词派生自"vik"（水湾，峡湾或海湾），意思是指海盗们潜伏在入海水湾、海湾或峡湾地带，伺机行动。另一种理论认为该词源于挪威的"Vik"地区；或者源自"vig"（"战争"，但在发音上又不可能）；或者源自"vikja"（意为移动或转向），意指维京人为"绕道而来的人"。在斯堪的纳维亚文的书面文献中，"viking"指的是海盗抢劫或者海盗突袭，参加这种团伙的人被称为"vikingr"。

载，海格拉克大帝（Hygelac the Geat）[1] 对莱茵兰地区的远征显然是一个孤立事件。随着加洛林王朝实现了对日耳曼中心和北部地区的控制，法兰克人开始接触丹麦定居区南部边界的居民，维京人开始带着急剧而灾难性的冲击进入了历史记录。

对于盎格鲁-撒克逊人来说，维京人指的是"异教徒""丹麦人"或"北方人"。"维京"（Viking）一词很少被用于指代斯堪的纳维亚半岛以外的事物（尽管这个词实际上派生自撒克逊语"wic"，指的是一种军队用营房）。法兰克人也将维京人称为"Nordmanni"（"北方人"或"北欧人"之意），而日耳曼人的编年史则称维京人为"Ascomanni"（"梣树人"之意，得名的原因不得而知，或许这个词源于维京人的某些船只系采用梣木建造而成，虽然大多数是采用橡木制造的）。西班牙穆斯林留下的文献中，则称维京人为"al-Madjus"（"异教徒恶魔"之意）；斯拉夫人则在文献中称维京人为"Rus"（该词可能派生自芬兰人对于瑞典人的叫法"Rotsi"）；拜占庭文献中，维京人被称作"Rhos"（源于希腊语形容红色的词，指维京人红润的肤色）或"Varangoi"（可能来自于古斯堪的纳维亚语"var"，意为"誓言"，指的是一群男人拔剑发誓彼此忠诚的那种情况）。只有爱尔兰人称维京人为"Lochlannach"（"北方人"之意）或"Gail"（"陌生人"或"外国人"

---

[1] 根据《贝奥武甫》，此人为瑞典南部济慈人（Geats）的国王，曾在516年率兵入侵莱茵兰地区。——译者注

之意），实际上这种命名的意图是试图区别挪威人（Finn-gaill："白色外国人"）和丹麦人（Dubh-gaill："黑色外国人"），但时至今日，我们已经无法知道当时的爱尔兰人为什么会采用这种区分方法。其他一些民族的编年史，则倾向于交替使用"丹麦人""挪威人"，甚至"瑞典人"这样的叫法来称呼维京人。因此，当《盎格鲁-撒克逊编年史》反复提到"Dene"或"Dani"时，毫无疑问是在讨论前提中假定了维京人来自丹麦。

对8世纪末期维京人突然出现的原因的猜测多种多样。本土的人口过度拥挤通常被描述为维京人外出从事海盗行为的主要原因。在7—8世纪，挪威出现了人口大爆炸，在丹麦，情况尤其严重。此外，西欧地区稳固政府的相继建立，尤其是在查理曼大帝统治时期，加洛林王朝的建立，促成了欧洲商贸的巨大繁荣，这相应地刺激了海盗行为的发展。无疑，与此相联系的还有8世纪斯堪的纳维亚人造船技术的不断发展。这不仅造成了始终跟维京人联系在一起的著名的长船（longship）的出现，也造就了小有名气的维京商船（knarr）的出现；借助这些船只，维京人得以突袭遥远的异国，随后，将他们发现的土地开拓为殖民地。这些船只是维京人扩张的重要工具。

第 一 章

维京人在本土

THE VIKINGS AT HOME

图示中坐在船上的武士见《圣欧班传》（*Life of St. Aubin*）一书，或许这可以让我们对维京时代晚期已经变得更加"专业化"的维京战士的穿着打扮有所了解。（The Granger Collection/Topfoto）

维京社会

长期以来，维京人给人的印象是，他们是无情的劫掠者和勇敢的探险者，而实际上维京人的主要职业是农夫、渔民、商人、造船工人、水手、铁匠或木匠。不过，他们中的大多数人可以充当多种不同的角色。传统的维京人口述史，或称"萨迦"（saga），在11世纪初期的冰岛被整理为手稿。在这些著述中，我们可以看到对维京人生活方式的细致描述。《奥克尼萨迦》（*Orkneyinga Saga*）告诉我们，12世纪时，有一个住在奥克尼岛的古挪威酋长斯维因·阿斯雷福松（Svein Asleifsson），他冬天会待在家里，到了春天则外出：

> ……在春天，他有很多事情要忙。有很多种子需要播种，而他又劳作得非常认真。然后，在完成了这些事情之后，他就出海去赫布里底群岛和爱尔兰地区劫掠。他自己将这种行为称作"春游"；

接下来，他会在仲夏季节返回本土。此后，他将在本土一直待到谷物成熟并被安全地收割进仓库。在那以后，他会再次出海劫掠，直到冬天的第一个月过完才返回。这被他称为"秋游"。

在进行登陆抢劫或者商贸远航的过程中，他跟一些志同道合的挪威人结成团伙。一个像斯维因·阿斯雷福松这样拥有土地的自由人，无疑认为他和他的朋友们并不属于任何主人，而且"地位全部平等"。这种自豪的自我认同成为维京文化的一个标志性的特色。然而，在本土，像阿斯雷福松这样的男人，实际上属于一个等级分化严重的金字塔形社会的一分子。

位于这个金字塔顶端的是维京人的国王。在国王的下面，是贵族（jarls）、头领、军事领导人和拥有很多土地的有势力的地主。在他们下面是自由人，在他们的语言中被称为"bóndis"。这是一个由各色人等组成的集团，包括农民、商人、造船工人、熟练水手和职业军人，这可能是维京时代维京人社会中最有影响力的阶层。他们的社会地位取决

下页图注：绘制在木板上的14世纪绘画，图中人物为1015—1030年统治挪威的挪威王奥拉夫·哈拉尔德松（Olaf Haraldsson）[1]。在绘画的中央，国王手拿象征绝对王权的宝球和战斧。（akg-images/Interfoto）

---

[1] 此人即后人提到的"好人"马格努斯王的父亲，其因在统治期内大力推广基督教而被追认为"圣奥拉夫"。——译者注

于他们财富的多寡。在金字塔底层的是奴隶。对于他们的主人来说，奴隶的地位并不比牲畜高多少，而且，作为一种规矩，主人对待他们也基本上跟对待牲畜无异。

国王

在维京时代，王室财富的积聚来源于征服战争和国王所拥有的大量庄园。国王会派遣自己的代理人对庄园进行管理。国王的收入还有税收，其中包括海关税和市场税，由国王派驻在归王室管辖的城镇和港口的官员收缴。国王相应地对其臣属负有某种义务，而为了确保其利益的最大化，国王要尽可能地确保商人在进行经营活动时不必为官员的腐败行为和抢劫所苦恼。

从斯堪的纳维亚半岛的王室和贵族的墓穴陪葬品来看，他们生活得很好。从奥塞贝格（Oseberg）和科克斯塔德（Gokstad）挖掘出来的墓葬的情况，可以看出这一点。国王们本人拥有各种精美的物品和装备，王室的赞助范围通常会扩展到各种技术熟练的手艺工人。木匠、造船工、木刻工、画匠、甲胄工和银匠全都可以分享到王室财富的恩泽。

国王收入的相当一部分，被用于供养他的由专业武士组成的常备军——赫德军（hird）。这些常备军通常驻扎在按照一定目的建造的营垒中，比如特瑞堡和菲尔卡特的城堡。他们的存在虽然成本高昂，但无论从哪方面来看都是必要的，至少国王必须借助他们保持自己的权力，控制住野心勃勃的贵族们。赫德军的指挥官通常由国王的直系亲属或者对国王绝对忠诚的贵族担任。在由国王家臣组成的内部小圈子里，其他地位显赫的人物通常包括负责管理王室御用马匹的马厩官和管理国王的舰队的水手官。

到10世纪末期的时候，挪威、丹麦和瑞典地区商贸的蓬勃发展和王权的巩固使得像"八字胡"斯维因（Svein Forkbeard）和奥拉夫·特里格瓦松（Olaf Tryggvasson）这样的国王开始建造最早的王室造币厂，他们通过在发行的硬币上铸上自己的名字来加强自己的权威。然而，令人惊讶的是，在维京时代的大多数时间里，王权是被贵族和自由民所压制的。

贵族

维京贵族的数量很少，但统治力很强。他们拥有广阔的土地，这些土地大多数交由佃户农民耕种。通过征收税费

下页图注：贝叶挂毯（Bayeux Tapestry）[1] 上描绘的维京社会早期景象。其中，我们可以看到一位显赫的贵族哈罗德[2]·葛温森(Harold Godwinsson)，手上托着猎鹰，正在骑马出行。他穿着精美的束腰外衣和斗篷，骑在一匹马鬃结辫的健马的背上。（Dea /M. Seemuller/ DeAgostini/Getty Images）

---

[1] 贝叶挂毯：1066年，属于维京人后裔的法国诺曼底公爵"征服者"威廉在黑斯廷斯之战击败了英王哈罗德·葛温森，夺得英国王位。该挂毯系为纪念该事件所编织，原长70米，上有大量的图案和文字。——译者注

[2] 在汉译作品中，"Harold"有翻译为"哈拉尔"或"哈罗德"的不同情况，理由是文字虽同，但在不同民族语言中读音不同。本书译文参考了传统的翻译方法，因此也会见到这种情况。——译者注

和农产品，这些土地为贵族们带来了他们财富的主要部分。那些居住在大贵族领地中的人们，会推举他们担任精神领袖和军事领袖，在遭到外敌入侵时保护那些较少土地所有者也是贵族们的职责；作为回报，在贵族们陷入政治和经济纠纷时，自由民们也会对贵族进行支持。这个统治阶级拥有配备个人卫队和承建大型会堂、土木工程、长船——例如在科克斯塔德和斯库尔德拉夫（Skuldelev）发现的那些古船——所需要的财富。

在和平时期，这些贵族在家臣的陪伴下，把他们的大部分时间用于领地管理、征收税费和监督对产业和船只所进行的维护工作。他们整年都要在重要的宗教仪式上担任祭司，在出席被称为"Thing"的议会时根据他们的能力担任所在地区的代表。在国家间发生冲突时，贵族们也有责任提高税收，按规矩这些收入应该被用于战争。那些跟贵族们一起航海或者作战的战士，属于自由人。

自由民

拥有土地的自由民，在斯堪的纳维亚语言中被称为"bóndis"，这些人构成了维京人社会的中坚。不论是只有少量土地的自耕农，还是有大量田产的地主，他们都有权携带武器，参加议会。在会议上，他们可以就本地区甚至国王的行事或国王继承人的选择等国家大事发表意见。

在维京人看来，对君主的效忠绝不是因王位继承而自然发生的，按照道理，新君应该赢得并且持续拥有这些傲慢而

9世纪的一把维京宝剑的精工装饰的剑柄，发现于维京时代北欧最大的城市赫德比（Hedeby）遗迹。（Schleswig Holsteinischen Museum，Kiel，Germany/Bridgeman Images）

直率的自由民的尊重和效忠，因为在发生战争时，要靠这些人组成他的部队的主要力量。如果国王或贵族被证明是处事不公正的，或者不幸在由其指挥的战事中大败，自由民可以依照法规抛弃他，选择一个新的领导人。这些自由民生活在一个人人武勇、使用金属工具和武器的技术决定着强弱的世界中，在内心深处，这些野心勃勃的人无疑拥有着成为贵族甚至君王的志向。

自由民的人生主要目标是荣耀门第和积累家庭财富，其中最重要的，是维护家族的荣誉。自由民的荣誉意识很强，来自其他人的任何侮辱，不管是真实的还是想象的，都会招致迅速而猛烈的报复。不可避免地，报复又引发新的报复性攻击，家族间的流血冲突往往造成屠杀、伏击、纵火和决斗等事件的发生。直到荣誉感都得到了满足，或者是主要参与者的家族遭到了彻底的屠杀，或者是仇杀的一方或另一方接受了某种形式的赎金，事情才会告一段落。仇家间的仇恨往往会世代相传。

不过，在大多数时间里，维京人的生活并不像这样充满死亡和阴霾。大多数自由人过着自给自足的自耕农生活。自由人和他们的家人，通常可能在两三个奴隶的帮助下，经营自己的小农场。他们的主要工作包括耕种土地，伐木并修整木材，建造和维护他们的房屋，打铁，制造日用工具，放牧和圈养牲口等。在维京人本土，任何具有专业特性的东西都是不可得的——比如沼铁，或者是无法在本土制造的——比如珠宝，这些东西只能通过贸易或者物物交换获得。

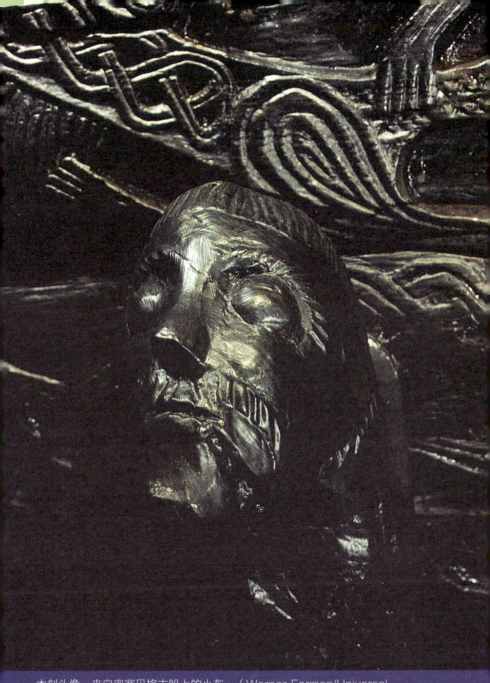

木刻头像，来自奥塞贝格古船上的小车。（Werner Forman/Universal Images Group/Getty Images）

在闲暇时间，自由人以打猎、击剑、游泳或摔跤作为休闲方式。其中打猎既能获取食物，又是运动形式。作为一种规矩，孩子们备受重视，受到悉心的照料。相应地，他们被要求努力劳动，掌握他们父辈掌握的技术，以应付几乎肯定少不了的暴力和战争生活。维京人的童年是短暂的，有证据显示，在有些情况下，12岁大的少年已经开始追随他们的长辈进行劫掠性的远征。

跑步，以及被称为"knattleikr"的一种球类运动，是受维京人欢迎的运动形式，而垂钓鲑鱼和鳟鱼的活动则丰富了维京人的食品柜。在漫长的冬夜，维京自由民可能会下棋打发时间，比如挪威板棋，一种北方的国际象棋的原始形式。他们也会听人唱歌、讲故事、朗诵诗歌，其所演绎的内容往往是情节紧张的著名征服、复仇、悲剧爱情和暴力死亡事件。不过，对于奴隶而言，休闲是一个几乎不存在的概念。

奴隶

奴隶生存在维京人金字塔状社会的底层。奴隶完全属于主人，当时的维京法律用图画的形式确认了这一点，而且，照字面意义来看，主人可以直接把奴隶打死（不管基于什么原因，这一法律也要求不管任何人，在做了这样的事情后，必须在同一天公开宣布这一事情！）然而，需要指出的是，维京人通常是不喜欢这种事情的，不喜欢的程度就与看到有人把狗或马打死的程度差不多。

通过奴隶的短头发和粗布衣衫可以认出他们。奴隶被安排去承担最繁重的劳动，比如伐木、挖沟和施粪肥。不管是男性还是女性奴隶都在户外工作，他们也会被要求帮补户内性质的工作，如打水和运水，清理猪粪和牛粪。

对于维京人来说，不管是男性还是女性奴隶都是巨大的财富源泉。根据记录，战争中俘虏的人口会被送到远至都柏林和拜占庭的奴隶市场进行贩卖。这些不幸的人中有一部分人会被贩卖到斯堪的纳维亚。在那里，他们终日从事艰苦繁重的劳动，过着极其悲惨的生活，唯一的解脱就是死亡。奴隶的孩子仍旧是主人的奴隶，就像主人的母马新生了一个小马驹；当奴隶变老或者变得体弱多病时，他很可能就会得到像瘸马或者老狗一样的待遇。多半，一个奴隶死时，甚至不会得到一个简单的葬礼，尸体会被直接处理扔掉。还有一些证据显示，奴隶们死后仍需为他们的主人"工作"。奥塞贝格古船上的墓室中保存着一具老年女奴隶的尸体，将她安排在那里应该是为了满足她的女主人在死后的需要。

不过，并非所有自由人都是粗暴的奴隶主，偶尔，我们会发现有勤劳工作的奴隶被提拔为农场管家的情况。有时，维京人甚至会给予奴隶一定的自由时间，让他们为自己做一些其他的工作，在经过一定的时间后，奴隶可以用这些额外劳动的收入赎身，成为自由人。

奴隶制对于维京人的生活模式来说是必需的，没有奴隶的帮助，自由人不可能按照自己希望的方式履行其义务。

例如，在10世纪，《罗斯塔庭法》（*Frostathing Law*）[1] 建议，在一个普通挪威自由人离开家庭去国王那里服役时，应有三个奴隶才可能确保其农场正常运作，而一个大型庄园则需要配备三十个甚至更多数量的奴隶。

除了为国王服役，自由人每年会离开他的农场或庄园至少一次，做他自己想要做的事情，也许是加入一次商贸远航，在诸如考邦（Kaupang）或赫德比这样的商贸城镇售卖自己的产品，或者以维京海盗的身份，远洋到外国的土地上搜寻奴隶和劫掠。

农场

由于斯堪的纳维亚半岛地形的巨大差异，很难对那片土地上的人们的谋生方式进行概括。在极北地区和挪威西部沿海地区，人们依靠渔业、狩猎和在牧场上放牧牲畜等混合经济谋生。在从事畜牧业时，由于草场的质量不高，必须有相当大的面积才能进行正常的牧业生产。由此导致一个结果，大多数农场都位于偏远地带，彼此分散开来，距离很遥远。然而，在丹麦和瑞典南部，有着大量的可耕地和肥沃的草场，考古证据显示，在古代这些地区有着大量的农场，有的大，有的小，在整个维京时代都很繁荣。在某些情况下，小块土地的所有者出于维护共同利益的考虑，会结成群体，以

---

[1] 该法律是挪威最古老的法律之一，命名得自古代挪威一个法院的所在地罗斯塔庭。——译者注

集体或者村庄的形式一起进行生产。

春天，维京人开始了农业生产：翻整土地，播撒种子。他们犁地的方式非常原始。维京人使用一种尖头、包铁的木头翻地。操作的时候，农夫或者奴隶在后面控制犁具翻土，前面由一头或两头牲畜牵引。到了夏末，全家一起出动，用大镰刀或者普通镰刀收割庄稼。这些作物可能包括大麦、燕麦、黑麦，在靠南部的区域还有小麦。

在夏季，牛、绵羊和山羊被赶到高地上，以保护较低海平面区域的草场。低地上出产非常重要的草料，牛马等牲畜在未来的冬季岁月里必须靠它们才能生存下来。冬季降临，所有体弱或者有病的牲畜都会被宰杀取肉，做成肉干、腌肉或者熏肉保存。这些动物的皮随后会被晾干，用来做衣服或者鞋。在丰收季节，马和牛分别被关在马厩和牛栏里，但山羊和绵羊往往在户外生存。

虽然大量的维京农场——不管是单独的，还是位于社区内——都是自给自足的，维京农人经济状况的好坏通常主要取决于他们在本地城镇出售商品，例如牲畜、谷物、奶制品和羊毛等所获得的盈余。

长屋

维京农人、渔夫和城镇居民在建造自己的住宅时，非常依赖于身边能够得到的自然资源。在斯堪的纳维亚半岛的大部分地区，有着丰富的木材资源，人们主要用木材建造自己

12世纪的一所维京人农庄复原图，地点位于冰岛斯通（Stöng）。农庄的建筑物采用方块的草坪覆顶，竖立在坚固、低矮的石头地基上。（Mats Wibe Lund）

的房屋。例外的情况是在挪威的极北部地区和大西洋沿岸的殖民地，这些地区，木材比较稀少，石头和草皮成了建筑材料。不管这些房屋位于什么地域，维京人房屋的基本设计都采用类似的格局。

中等大小的维京长屋可能有12~15米长，虽然有些在丹麦和挪威发现的长屋长达50米，甚至更长。这种建筑物的宽度与长度无关，而受限于横梁的长度，其很少有超过5米的。这种长条形建筑物的基本框架包括四根直接埋进土里的结实的角柱。借助于木钉，这些角柱连接并支撑着纵向和横向的木架。倾斜的屋顶铺设在一系列横木上，横木下方有两排跟建筑物等长的立木。墙壁采用木桩中间填塞夹条墙的形式，或者采用由水平叠加放置的木板构成的木板墙。为了保暖，大多数长屋未配备窗户，只有一扇房门，建造在房屋一头的山墙上。所有山墙的上部由竖直的木板封闭，而屋顶采用茅草铺顶，或者铺设成排的小木瓦。

长屋的生活空间可以分为三四个"房间"，中间以帘子分隔，沿着建筑物两边设置的结实的宽台子用作床和人们平时坐的地方。地面就是捣平的实地。在生活区域的中间位置，有一个由长方形的石头砌起来的火炉，家里的饮食都在上面准备。火炉不仅用于房子的取暖，也是照明的光源，作为油灯照明的一个补充。烟雾和气味通过房门和山墙最顶端的小开口释放出去。

在城镇里，手艺工人和商人会把他们的工作间和店铺融合进长屋中；在房子的后部，往往有一个篱笆围起来的小院，里面可以让鸡、鹅、猪等家禽家畜四处溜达。院子里还会有一个倾倒家庭垃圾的垃圾箱和集中粪便及污水的粪堆。在农村地区，有钱人家的房子外面通常围绕着一片特别建造的更小点的附属建筑，其中包括奴隶的住所、马厩、工场间、储藏棚子、牛栏、谷仓和铁匠作坊。它们跟其他建筑往往有一段距离，以降低火灾的风险。不是太有钱的农场主就不得不分享部分生活空间给他们的牲畜，这在某种程度上是一种令人作呕的安排，但在冬天，至少可以让房间里变得更暖和一些。不管在城里还是在乡村，奴隶和最穷的人都住在肮脏狭小的棚屋里，有些面积不足4平方米，或者住在木头搭架、上面用茅草简单铺顶的地洞里。

饮食

长屋是维京人日常生活的中心，维京人在长屋里做饭，一天吃两顿，一次在清晨，一次在晚上。黎明时分，奴隶们开始给火炉添加燃料，准备烘焙食品。他们在一种长条形的木槽里揉面，然后把面团放到陶制的烤箱里或者用长柄铁盘直接在火炉上烘烤。面包是早餐的必备部分，配餐的还有粥、燕麦饼、奶、冷肉和水果。

天黑下来以后，人们从各自的工作岗位返回家里，聚集在长屋里享用一天中的主餐。富裕的农场主家庭的厨房可以供应香肠、鱼、蛋、奶、肉、洋葱、蘑菇、奶酪、苹果、榛子、草莓、黑莓，而且，如果搞得到的话，还有蜂蜜。他们一般采用煮或者叉在长柄叉或烤肉叉上用火炉烤的方式烹饪

来自丹麦的皂石碗。由于皂石容易雕刻，在维京时代，它是挪威的一项主要出口产品。（Werner Forman/Universal Images Group/Getty Images）

羊肉、猪肉、牛肉、鹿肉和家禽肉。肉炖菜、肉汤和粥用大铁锅或皂石锅加工而成。火炉上方有悬挂在房梁上的铁链，用于挂锅，也可以将三脚架置于火上以支撑锅。食物的调味料包括野韭菜、大蒜、芥末和各种草药——或者用盐，维京人用在火上蒸馏海水的方法制备盐。

食品被盛放在木制碗或盘子上，吃时用手抓取或者用木匙舀，小刀用来切肉。吃饭时饮用的奶有牛奶和羊奶，多余的奶会被制成黄油和奶酪储存在大桶里。维京人用麦芽和啤酒花酿制啤酒，这是一种深受所有阶层欢迎的饮料。喝的时候装在木杯或者有装饰的角杯里。不过，富人还可以用漂亮的时髦玻璃容器和银杯品味蜂蜜酒和进口的葡萄酒。

维京妇女

维京自由人在离家外出时，不论时间长短，都会公开地将房屋的钥匙交与他的妻子，意思是她在他离家时对所有的一切有绝对的处置权。已婚妇女通常会有一串属于自己的钥匙，其中最重要的是锁家里箱子的钥匙，那些箱子里收藏着家庭最贵重的财宝。

几乎在任何方面，维京社会的女人都跟她们的男人地位平等。即使自由人待在家里的时候，也是他们的妻子在家庭的事务、监督奴隶和自由人仆役方面拥有绝对的权威，奴隶和仆役需要协助她处理诸如纺线、编织、缝补、炖汤和做饭等日常工作。

图示为9—10世纪穿着典型维京服装、正在进行一系列日常家庭劳动的维京女人。（Angus McBride，© Osprey Publishing）

　　维京人鼓励他们的女孩子独立自主，自己思考解决问题。有一项冰岛法律确定女人的最早结婚年龄是12岁。在偏远的农村社区，婚姻通常是由家庭安排的。不过，偶尔，也会有女人自主选择配偶的情况发生。维京女人也有权继承家里的产业和财富。如果有必要，女人可以打官司离婚，当她离开一个家庭时，可以要回自己的嫁妆，分得一部分家庭财产。如果成了寡妇，女人可以自主决定是再婚还是保持独立。从考古发掘的墓葬中女性陪葬物品的质量和她们被埋葬时的受尊重的方式来看，显然维京女人有着强烈的个人价值感，并且有能力在维京社会成为有影响力和富裕的人物。

　　根据吟游歌手和诗人们的说法，有些维京女人会在环境的压迫下成为暴力事件的发起者，而北欧萨迦故事进一步提供佐证，为这种说法添油加醋：有些精力旺盛、意志坚决的女家长热衷于血腥的家族仇杀，在男人采取行动的过程中起到了激励的作用。这类建功立业的女人之一，如弗莱迪丝（Freydis），系"红发"埃里克（Erik the Red）[1] 的女儿，曾出现在《格陵兰人萨迦》（Groenlendinga）和《"红发"埃里克萨迦》（Saga of Erik the Red）中。根据《格陵兰人萨迦》的记载，弗莱迪丝和她的丈夫托瓦尔（Thorvald），跟两兄弟赫尔基（Helgi）和费恩波治（Finnbogi）一起，乘两条船，在一场利益共享的远航中到了格陵兰。他们的目标

---

[1] 根据冰岛文献，维京武士"红发"埃里克是维京人在格陵兰的第一块殖民地的创立者。——译者注

妇女的工作

　　维京女人最重要的和最消耗时间的工作是为她们的家庭制备衣物。在维京时代，大多数维京人的衣服是用羊毛制成的，这种衣服的制作需要经历漫长的过程，其中包括用粗羊毛纺羊毛线、为羊毛染色，然后在笨重的立式织布机上，把羊毛纺织为成衣。在空闲时间，女人们还会编织花纹复杂的彩色绳，再把它们编成小片，用于点缀或装饰衣物。如果家里有船或者小艇，女人和家里的老年人还得为船只制作风帆，一张那样的庞然大物往往会消耗掉她们几个月的时间。

本来是文兰（Vinland）[1]。在安全抵达后，弗莱迪丝构思了一个夺取两兄弟船只的计划，她哄骗丈夫杀死了两兄弟和他们的船员。在轮到杀死陪伴赫尔基和费恩波治的五个女人时，托瓦尔有些手软，弗莱迪丝遂操起斧头，亲自完成了任务。这个故事中所描述的维京女人无疑属于极端的类型，但有一点是很清楚的，有些维京女人并不被反对跟她们的丈夫一起跨越海洋进行危险的远航，而是以此获得在未来分享利益的权利。

维京法律和议会

拥有土地的自由人的公共聚会被称为议会（Thing），它是维京时代维京社会权力和民主的基础。每个地区都有自己的议会，按规矩，公开的议会每年召开一次或者两次，尽管实际上召开的频率要更高。议会的主要职能是提供一个对本地区重要事务进行讨论的平台。维京女人虽然可以参加议会，但是无权进行投票表决。考虑到维京女人在维京社会的地位，这是很令人惊讶的。

在地区议会上面是区域议会，由地区级议会确定的事情将在这一级的议会获得批准。如果有人在议会上提出了自己所遇到的不公平的事，问题将被整个议会所讨论，然后大家需要达成一致的意见。该意见一旦发布，随即就要被毫不

---

[1] "文兰"系"红发"埃里克的儿子列夫·埃里克森（Leif Eriksson）对于他所发现的北美部分区域的称呼。——译者注

议会旧址国家公园，古代维京人在这里举行全民议会。
（Heritage Image Partnership Ltd./Alamy Stock Photo）

全民议会

    全民议会在大约公元930年创立于冰岛，是一种全国性的议会，每年夏天开两个星期，举行地址位于今天靠近雷克雅未克城的议会旧址国家公园。会议在露天会场举行，场面非常壮观。

    所有冰岛自由人和他们的家人在会议期间都要聚集到这个地点，当地变成了正式的会议场所和社交场所。36名贵族组成的立法机关将召集大家讨论重要的事务；大家将轮流选举36名法官。全民议会的主席职位由所谓的法律发布人（Lawspeaker）担任。这个职位每三年选举一次，由精通法律的饱学之士担任。在全民大会结束时，冰岛人通过大规模的武器晃动表示他们对议会决议的认同，这种行为被称为"vápnatak"，意为"拿起武器"。

含糊地实行。诉讼获胜的一方可以据此寻求补偿，但议会不会授权强制执行决议。不过，拒绝服从决议被当成非常可耻的事情，而且可能导致严重的后果，当事人可能会被宣布为触犯法律。如果原告的申诉涉及家庭荣誉或者对杀人事件的报复，他可以要求通过单独决斗解决纠纷。决斗将在聚集的议会大众面前进行。维京人显然觉得这种形式的政府的效率已经足够高，因此将这种形式的政府输出到很多他们的殖民地。不过，到11世纪末期，丹麦、挪威和瑞典已经分别由单一的强大的君主所统治，议会的权威相应地减弱了。

宗教信仰

维京人通常在露天——古代遗址、圣墓或者岛屿——礼拜他们的神灵，不过，偶尔他们也会聚集到木头搭建的、摆满了各种神灵的木刻偶像的神庙去做这种事。维京人通常用动物、谷物，有时是人，作为对神灵的献祭。任何重要的事情如果未经过向相关的神灵寻求指导和庇护就不会被实行。

古代斯堪的纳维亚人将世界看成一个扁平的盘状物，周围环绕着广阔的海洋，而在大地四周则盘踞着米德加德大蛇（Midgard Serpent）。支撑大地的是一棵巨大的梣树——世界树（Yggdrasill），世界树的根系从死亡女神赫尔（Hel）的冰冻的地狱一直延伸到位于世界尽头、大海另一边的巨人之家（Jotunheim）。在世界树的根系下面，是智慧和命运井，负责看管这口井的是命运三女神（Norns），这三位女神的工作是纺织命运之线。在大地中心的一块岩石上，有一只被铁链锁着的恶狼芬里尔（Fenrir），这家伙的下颌延伸至整个宇宙。人类居住在一个叫米德加德（Midgard）的区域，生存受到许多神灵的保佑，其中最重要的神是居住在众神汇聚地——天宫的阿萨神族（Asgard）。

众神中最古老和最重要的神是奥丁（Odin），他是"众神之父"，掌管权力、知识、智慧、魔法和诗歌。他也被认

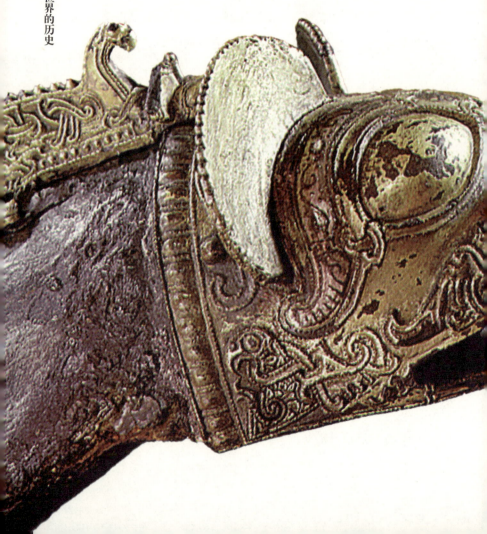

为是"带着头盔的神"，主管战争。世界上跟奥丁有关联的动物有狼和乌鸦，它们以战场上被杀死的战士的尸体腐肉为盛宴。维京战士相信如果在战场上英勇战死就能被狂暴的女武神瓦尔基里（Valkyries）选中，她会带着他们中间最勇敢的人飞升到奥丁神的瓦尔哈拉（Valhalla）大神殿，也就是"阵亡者神殿"（Hall of the Slain）。

仅次于奥丁的是他的儿子——红头发的雷电之神托尔（Thor）。托尔的武器是他的大锤，他的主要职责是保护天宫和米德加德，使之免受邪恶的霜巨人与火巨人的侵袭。那些巨人的目标是毁灭众神。在托尔的冒险历程中，他身边有时会有火神洛基（Loki）陪伴。洛基代表了灾害和混沌的力量。

当众神灭亡的日子即将到来之际，巨人们联合了洛基，开始向天宫进犯。巨大的芬里尔狼挣断了它的枷锁，米德加德大蛇也从海上升起，开始喷吐毒液。当世界树开始摇晃的时候，天宫的瞭望者海姆达尔（Heimdal）吹响了他的号角。这时，众神与瓦尔哈拉神殿阵亡的英雄们一起开始武装自己，以迎接最后的战斗。主管生育的弗雷神（Frey）首先被火巨人苏尔特

发现于丹麦的绍莱斯泰德（Søllested）的10世纪马颈圈上的龙头木刻。（Werner Forman/Universal Images Group/Getty Images）

（Surt）杀害；奥丁用矛去刺杀芬里尔狼，却被芬里尔狼吞噬，随后芬里尔狼又被奥丁的儿子维达（Vidar）杀死；托尔与恐怖的米德加德大蛇缠斗一处，最终同归于尽。海姆达尔和洛基互相摧毁了对方，星辰开始从天上坠落，太阳不再放射光芒，大地为海洋所吞没。

然而，在这破坏宇宙的力量觉醒之际，奥丁的第二个儿子巴德尔（Baldr）复活了，奥丁和托尔的儿子们，以及不能永生的男人和女人活着见证了新秩序的建立。伴随着这一切而来的是新一代众神之父的出现，在一定程度上解释了基督教世界的来临。

对页图：见于冰岛北部易贾福德（Eyjafjord）的青铜制托尔小塑像，时代大约在公元1000年。（Werner Forman/UniversalImages Group/Getty Images）

第 二 章

自由民武士
THE VIKING HERSIR

8—9世纪的维京战士。这名战士属于斯堪的纳维亚人对欧洲大陆的威胁最为严重的时代的自由民武士。从拥有头盔、金臂环和装饰过的宝剑可以看出，他的地位与众不同。（Artwork by Gerry Embleton, © Osprey Publishing）

当挪威地区的维京人在公元8世纪第一次袭击欧洲沿海地区时，他们的领导者不是国王、王子或贵族，而是被称为自由民（hersir）的中等级别的战士。当时的自由民通常是独立的土地所有者或地区的头领，他的装备通常优于他的属下。到了10世纪，独立的自由民已经不复存在，此时的他们通常是挪威王的臣仆。这个时代的自由民武士的装备和地位相当于斯堪的纳维亚半岛君主或英王的直属家臣，举例来说，类似于黑斯廷斯之战（1066年）时代的臣仆（Huscarl）。

暴力文化

现在所能获得的最早的历史资料，来自于古代盎格鲁-撒克逊人教堂从自身角度的记述，可能已经在很大程度上歪曲了我们对于维京人侵略英格兰早期阶段的认知。我们知道，早在公元792年，奥发王已经开始准备抵抗海上异教徒对肯特地区的侵扰，很可能奥发王所要对付的就是斯堪的纳维亚海盗。到这一时期结束，异教徒、海盗和海上民族已经成为维京人的同义语。对林迪斯法恩岛上的修道院（793年）和爱奥那岛（Iona）上的修道院（795年）所受袭击的明显关注，可能遮蔽了当时维京人对其他地方的破坏行径。维京人在欧洲大陆的袭扰情况显示，这些行为并不是针对宗教的带有偏见性的攻击。例如，袭击者在799年驶离卢瓦尔河（Loire），并无记录显示他们曾试图进攻修道院社区。丹麦人在810年攻击了加洛林王朝的弗里西亚省（Frisia），在820年再次攻击该地，目标可能指向的是重要的贸易中心。无疑，到了9世纪30年代中期，经济繁荣的居民点已经成为维京人关注的主要目标。

古代英国人对类似事件的记述充满了基督教会对于北欧人侵袭的偏见，这反映了8世纪时斯堪的纳维亚地区和基督教的欧洲大陆之间的文化差异。即使在丹麦这一斯堪的纳维亚最进步的民族中，社会基本单位和精英阶层之间的关系也跟欧洲西北部的情况存在相当差异。统一教会或者甚至共同宗教信仰的缺失，使得维京社会中不太容易出现单一民族的君主制国家。

中央权威的缺乏，造成了个人、部落或家族借助暴力解决问题被当成了惯例，被人们接受为不可避免的事情。而在欧洲西北部，各个英格兰王国不断强化的君主制政府则可以通过获得教会认可的立法来防止暴力事件的出现。教会和国家的亲密关系以一种维京文化所做不到的方式限制了攻击性行为的发生。结果，当环境变得许可之际，斯堪的纳维亚人大量地侵入崇尚和平的欧洲大陆，无限制的暴力行为（维京人日常生活的特色之一）找到了有利可图的释放途径。

军事训练

在早期的斯堪的纳维亚社会，通常的军事单位是部落。次一级的单位是家庭或家族。古代斯堪的纳维亚语将这些扩大的家庭集团称为"aett"，意思是"家族"。在那种以家庭为基本作战单位的文化中，一般来说，军事训练就是日常生活的一部分。

无血缘的忠诚关系主要建立在可能最好被称为"贡赋经济"（Gift Economy）的基础上，这种经济形态主要存在于领导者和追随者之间。这种关系通常会上升为更常见的依附关系。实际上，这导致了"人为家族"（artificial clans）的形成。这种类似家族组织的其他形式可能存在于关系疏远、没有土地的年轻人中间，他们聚集在社会的边缘地带，以抢劫和打仗谋生。这些元素可能构成了古代斯堪的纳维亚熊皮战士

维京青铜长矛，带有装饰性的银柄。（Werner Forman/Universal Images Group/Getty Images）

（berserkir）传说的基础。熊皮战士是一种凶暴、可能存在精神问题的古代武士。在某些有关熊皮战士的古代萨迦中，熊皮战士以一群流浪的法外之徒集团的面目出现。在中世纪早期的冰岛社会，定居生活非常依赖家庭、占有土地和有着明确定义的权利，熊皮战士被看成是无根的局外人。

在古代萨迦中，维京人可以通过几种形式的盟誓使得"人为家族"获得合法性。在《吉丝莉萨迦》（*Gisli's Saga*）中，曾出现过有关这种情况的描述：

> 人们从草地上切割下一块草皮，让草皮的两头仍连在地上；接着，用一根矛刃铆接有花纹的长矛把草皮撑起来。那根长矛可真长，一个男人伸直胳膊也只能够到矛头定位的铆钉。
>
> 结盟的人们翻起草皮下的土，把他们的血混洒在一起；随后，他们开始跪着发誓，互相握手，祈求神明见证他们结成誓为彼此复仇的血盟关系。

家族集团的另外一种人工扩容方法是收养。人们可以把儿童或青少年送到别的家庭生活。这样的安排通常发生在大家族内部，最常见的形式是让孩子们为叔伯们的家庭所收养。早期日耳曼语言中有几个词，用于描述收养制度所造成的非常特别的关系。在养父母的家庭里，年轻小伙子的待遇跟亲生的无异，其中包括接受作战训练。

在维京时代早期，青少年所接受的全部训练因家族或拟家族而异。年纪大的家族成员会把自己的作战技巧知识传授给年轻的家族成员，有时采取正式训练课的方式，有时仅通过传统的口传。后一种方式可能表现为讲过去的伟大业绩或英雄人物的生活故事，重点讲述战士的责任。

在诗人和战士埃吉尔·斯卡拉格里姆松（Egil Skallagrimson）的作品中，到处充斥着对于暴力的书写，这是他的作品具有争议性的特色。在热衷暴力方面，埃吉尔在青少年时期曾受到过来自托德·格来尼森（Thord Granison）的鼓励。在埃吉尔创作的萨迦中，托德被描写成一个年轻人，但是要比埃吉尔大。埃吉尔劝托德带他到冰岛白河谷的冬季运动场。当埃吉尔与格瑞姆·赫齐森（Grim Heggson）陷入争执被殴打时，托德带着武器来支援埃吉尔，杀死了格瑞姆。当时埃吉尔还不到12岁。类似的事件也发生在格雷特尔·阿斯曼德森（Grettir Asmundson）的早年生活经历中，虽然该事件并未造成死亡，只是招致了复仇的威胁。格雷特尔第一次杀人是在15岁的时候。如果我们相信这些记录的话，就会看到一个为暴力所统治的社会，在那个社会中，即使解决最小的日常争端都要使用暴力。青少年也不能例外于这方面的生活，只有最极端的行为才会被稍微纠正。通过这种方式，维京人培养起青少年在面对战争时所需要的素质。那种使得埃吉尔和格雷特尔热衷于暴力的半打斗性质的游戏，为他们提供了使用真正武器的经验和训练。

维京雇佣兵团

随着挪威地区的独立小邦不断遭受侵蚀，留给那些不愿意臣服于哈拉尔·哈法格雷（Harald Harfagri）[1]王朝的维京人还有几个选择。第一个是定居在欧洲的其他地区，那里的统治者不那么强大，或者是可以被推翻的，例如在各个撒克逊王国或在纽斯特里亚（Neustria）[2]的"诺曼人"区域的情况。对于既有中产阶级来说，殖民荒无人烟的冰岛是很有吸引力的。他们拥有一定的可带走的财富，也有一定的进取心。对于无地的武士来说，传统形式的结成松散团队的劫掠方式正在变得越来越行不通。西欧地区的防御这时已经能够击溃维京人的进攻，除非维京人的规模非常大。维京雇佣兵团（Jomsvikingelag或Jomsvikings）属于一种人为组织起来的部落，是一种对于社会阶层固化的反拨。由于当时水平更高的组织形式和训练方法开始在维京人中间采用，他们可以通过结成大型军团的方式突破英格兰各个王国的防御。

根据丹麦人的记载，维京雇佣兵团系在10世纪（可能是10世纪80年代）由丹麦的"蓝牙"哈拉尔王（King Harald

---

[1] 中世纪历史学家所记载的第一个挪威王，在位年代约为872—930年，绰号"金发"哈拉尔（Harald Fairhair），又被称为"哈拉尔一世"。——译者注

[2] 纽斯特里亚大体上相当于今法国北部地区，是法兰克人的墨洛温王朝分裂的产物。后文所说的"'诺曼人'区域"即维京人在纽斯特里亚强占，后来又被法王分封的诺曼底公国。——译者注

图示的七名武士据信为维京人，见于林
迪斯法恩岛上修道院的一座墓碑。（CM
Dixon/Print Collector/GettyImages）

Bluetooth）[1] 在温德兰（Wendland）地区建立，后来为"蓝牙"王的儿子"八字胡"斯维因国王所禁止。大多数记载看来都认同在10世纪末期维京雇佣兵团的领导者是西格瓦尔德伯爵（Earl Sigvald），此人是曾经统治过瑞典斯卡尼亚（Scania；同时也算作当时丹麦的一部分）的一个小国王斯图特-哈罗德（Strut-Harald）的儿子。

冰岛的记录中包括一系列涵盖维京雇佣兵军团的法律。《雇佣兵团萨迦》（*Jomsvikings' Saga*）中记录了以下条例：

1. 禁止50岁以上、18岁以下的人加入。
2. 录用时不考虑亲属关系。
3. 禁止内部的人互相敌视。
4. 雇佣兵应像兄弟一样为彼此复仇。
5. 不管发生什么事情，禁止用语言表达自己的恐惧。
6. 战利品公有，违反者开除。
7. 任何人不得煽动冲突。
8. 领导者负责发布所有新闻。
9. 禁止将女人带入军用城堡。
10. 任何人不得缺席三天以上。
11. 发生在雇佣兵团兄弟外的仇杀事件中，对于有

---

[1] "蓝牙"王大约在958年即位为丹麦王，是第一个把基督教引入丹麦的国王；通常认为，他有一口非常不好的牙齿，看起来是蓝色的，绰号因此而来。——译者注

个人军事技能

在古代斯堪的纳维亚文献中有大量关于武器操作技术和操作者胆量的记录，洋溢着萨迦讲述者的惊叹和赞美之情，让我们从一个角度了解到这种技术能力对于维京战士的重要性。

据说，在某一次冬季战斗中，斯卡尔菲丁·尼加尔松（Skarphedin Njalson）曾溜过一座冰山，在滑行的过程中砍倒了一个人，还曾在电光火石的一刻跳上一面被扔出来绊倒他的盾牌。奥拉夫·特里格瓦松据说能用左右手同时投出两支标枪。有时，有人能抓住在半空中飞过来的长矛，再重新丢回去。要想磨练出这种本事需要不断地找机会练习，并长期不断地坚持。

射箭技艺，像在中世纪的英格兰一样，并非约定俗

成为维京战士必备的技艺，但在萨迦中经常暗示性地提及维京人的这种技艺。埃纳·塔姆巴斯凯尔福（Einar Tambarskelf）能够用无头箭射穿皮甲。这种依靠反复锻炼获得的技巧需要专注、力量和准确性。用弓箭狩猎磨练出的技艺也可以用在战场上。

打猎要求人具有灵敏的判断力和反应能力，这是战士们在战斗生涯中需要用到的重要品质。这些情况应该仅仅是维京人所拥有的高度发展的作战技能的一个侧面，正是依靠着这些作战技能，古代的斯堪的纳维亚人才能够一度在从里海到北美的广大区域内占据重要的地位。

插画来自冰岛萨迦文集《平坦岛之书》（*Flateyjarbok*）。具体见于《奥拉夫·特里格瓦松王萨迦》（*King Olaf Tryggvasson's Saga*），该萨迦描写了奥拉夫王的某些传奇功绩——猎杀野猪和女海妖。虽然萨迦中含有神话元素，但仍然是反映维京人生活和历史的宝贵资料。（Werner Forman/Universal Images Group/Getty Images）

关亲属的仇杀的争议，兵团领导者有最终裁判权。

需要注意的是，这些条款只能被当成中世纪早期维京雇佣兵团的具体规则。这些律法要求维京战士放弃对于兵团外的权威的忠诚，将他们置于新的地位，他们需要履行对兵团的义务，服从兵团的需求。借助有选择性的人员招纳制度，旧的社会关系为人为的组织和所设置的管理术语等新规矩所替代，维京战士之间的兄弟关系在很多地方类似于现代军队所采用的组织方法。

《奥拉夫·特里格瓦松王萨迦》注意到，"在那个时代，一支军队配有维京雇佣兵，是很值得夸耀的事情"。《维京雇佣兵团萨迦》声称，"（他们）被看成是最伟大的战士"。然而，真实情况表现得有所不同，文献来源所援引的维京雇佣兵参与的三次重大战役均以他们雇主的大难临头为结局：斯泰尔博乔恩·斯塔基（Styrbjorn Starki）在跟叔父"胜利者"埃里克（Erik the Victorious）竞争瑞典王位时被击败；990年，"八字胡"斯维因在进攻挪威的哈康伯爵（Earl Hakon）时在希德鲁恩格瓦格（Hjdrungavag）被打得大败；1000年，挪威的奥拉夫·特里格瓦松王被瑞典人和丹麦人打败杀死。所有这三场败仗都肇因于同一个原因——西格瓦尔德伯爵在情势看起来有些不妙时急忙逃走了。

挪威的"好人"马格努斯王（King Magnus the

Good）[1] 在1043年摧毁了维京雇佣兵团控制的要塞尤姆斯堡（Jomsborg），但维京雇佣兵团同业行会的核心显然被抛弃得更早，可能是在1010年前西格瓦尔德伯爵死后的某个时间。维京雇佣兵团的残余力量据说在1009年追随西格瓦尔德伯爵的兄弟赫林（Herring）和"高个子"托鲁特尔（Thorkell the Tall）[2] 去了英格兰，在那里，他们可能及时地成为克努特王（King Cnut）的御林军（Tinglith）的核心成员，作为王室护卫的御林军后来发展成了著名的战斧骑兵（Huscarls）。

海上作战技巧

维京人的最大战略优势是他们的机动性，他们可以自由地进出外国的领土。当时斯堪的纳维亚文化的特点就是热衷掠夺和具有暴力倾向。早期的海盗团伙不受任何协定或

下页图：维京人进行海战的场面，参考《奥拉夫·特里格瓦松王萨迦》绘制。该场景描绘的是萨迦中记录的斯沃尔德尔之战（the battle of Svölldr）。奥拉夫王的坐船——巨大的"长蛇号"（Long Serpent），被奥拉夫王的敌人所包围，其中包括"铁矛号"（Iron Beard）上英格兰拉德地区（Lade）的埃里克·哈肯森（Eric Hakonsson）伯爵。（Artwork by Angus McBride, © Osprey Publishing）

---

[1] 挪威和丹麦国王，因放弃对推翻其父亲统治的克努特王家族的报复，被称为"好人"；他之所以摧毁尤姆斯堡是因为维京雇佣兵团属于克努特王一边的。——译者注

[2] 西格瓦尔德伯爵的兄弟，维京雇佣兵团的主要领袖，曾被克努特王封为东英格兰伯爵。——译者注

条约的限制，他们很好地利用了其所属文化的这两个特点，造成了一系列按规模来说超过他们所占人口比例的破坏性的结果。随着维京战士的状况发生改变以及侵扰范围的扩大，半专业化的维京军队开始出现，去保卫已经抢掠到的财富变成了一件重要的事情。因此，在876年定居于诺森布里亚（Northumbria）[1] 之前，维京人对着神圣的臂环（sacred ring）[2] 发誓，同英王阿尔弗雷德和平共处（以前从没有人能逼得他们这么做过）。

在这一时期，维京人的机动性以斯堪的纳维亚人航海技术的优越性为基础。维京人的航海知识世代相传，他们拥有先进的导航技术和优越的水上技能，凭借这些，维京人得以乘坐他们的浅平底船经水路袭扰欧洲的各个区域。

在维京人内部发生冲突时，主要的战事几乎总是发生在海上。所有海上冲突都发生在靠近陆地的区域，在有些情况下，战斗的进程会受到海岸地理环境的影响。896年，在英格兰汉普夏郡海岸，三艘维京船因停泊失误被围，为阿尔弗雷德王的海军所摧毁。通过适当训练和配有装备的防守者在本地作战的情况下，是可以匹敌维京人的。

尽管如此，维京人做了很多努力以确保海上的军事行动尽可能地接近陆战的条件，将舰队排成一列或者楔形；在队形一侧，有时是两侧，按传统将最大的船的舷缘

---

[1] 中世纪的一个英格兰人王国，位于今天的英格兰北部和苏格兰东南部地区。——译者注

[2] 对着用牺牲动物鲜血染红的银臂环发誓，以确保誓言的信靠，是信仰异教的维京人的一种风俗。——译者注

维京雇佣兵团训练场景复原图，展示的是双列互相支援的盾墙的部署情
况。一名高等级雇佣兵正在用设法把盾墙中的训练者踢出队列的方法测试
盾墙的力度。（Artwork by Gerry Embleton, © Osprey Publishing）

（gunwale）用绳索捆绑在一起，以形成一个大型浮动平台。最大和最好操控的船只通常构成队列的中心部分，船队指挥者的坐船通常也位于船队中心，因为通常指挥者会乘坐所有船只中最大的一艘。高速商船有时也会被部署在队列的侧翼。相对较长的船会探出队列的前方，其中一些的船首和船尾都装设了装甲铁板，以应对敌人的强攻，这类船被称为"铁甲船"（bardi）。有些船上甚至围绕着船首装备了一系列被称为胡子（skegg）的长矛，这种武器的设计用途是在敢于冒险接近维京船只甲板的敌军船只上戳洞。

除了这种浮动平台，通常还有很多支援性的单独的船只被部署在船队侧翼和后部，用于在必要的时候增援己方作战平台上的部队，以及在战斗中追击敌军。作战时桅杆会被降下来，船只的机动完全依靠桨动力。尽管如此，在作战中似乎看不到维京人主动采用古典的"diekplus"战术（古希腊人首创的海战战术，冲破敌人的防线之后，急速掉转船头从敌人后方进攻）的情况，该战术涉及用己方舰船的船首剪断敌方舰船的桨。维京人也不使用冲撞战术。维京人海战的主要战术仅仅是与敌船相对行驶，使敌船无法逃脱，然后进行人员登船作战，在靠近下一艘船只前将上面的敌方人员消灭掉，有时如其所占据的船只属于敌方作战平台的一部分，还要把所占据的船只从敌方作战平台上解下来。登船作战前，通常要朝敌船发射一阵箭雨，在较近的距离，则投射标枪、铁头矛和石头。这造成了在维京人的舰船上，每一名桨手通常配有一个担任保护的副手，他会用自己的盾牌遮挡敌人投射过来的各种武器。登船作战前的最后一个战术是所有登船作战人员把盾牌举到头上，紧紧地贴到一起，把每个人都严密地防护起来。

陆战队形

在陆地作战时，维京人青睐盾墙（skjaldborg）队形。方阵前列部署的是武器和护甲更好的兵士。偶尔，维京人也会布设两个甚至更多的这种盾墙方阵，如871年在阿什当（Ashdown）之战和米拉屯（Meretun）之战、918年在科布里治（Corbridg）之战（在此战中他们组织了四个分队，在隐蔽位置担当预备队）的情况。在互相支援的盾墙方阵中部署的一些作战人员，也可以用于进行突然袭击。

哈拉尔·哈德拉（Harald Hardrada）在斯坦福桥（Stamford Bridge）之战中所采用的防御队形就是盾墙，但他部署的盾墙是一种环形的缺乏纵深的盾墙队形。这种阵形的后部缺乏跟前部队列一样的盾牌墙。哈拉德给他的长矛手下达的命令可能符合步兵队形在面对骑兵冲锋时的常规做法（证据是英格兰骑兵在斯坦福桥之战中并未起决定性作用）。前排的士兵按命令把长矛的尾端杵在地上，将矛尖瞄准骑兵的胸部位置；第二列的士兵被要求把长矛尖对准马匹。此外，托斯蒂格（Tostig）伯爵和哈拉尔的卫队担任机动的预备队，用于应急处理英国人任何更危险的攻击。据说，这支精英部队包括了可以在近距离对肉搏战的士兵进行

支援的弓箭手。

维京纯密集方阵的主要变异阵形是所谓的"猪阵"（svinfylka）。这是一种楔形阵形，据说是由奥丁神所发明，其历史悠久从中可见一斑。这种阵形更可能派生于4世纪或5世纪的罗马帝国晚期的步兵军团阵形——猪头阵（porcinum capet），而不是出于所谓战神的教导。《平坦岛之书》中描述这种阵形的第一列有两个人，第二列有三个人，第三列有五个人，既可以一列一列地分别投入战斗，也可以共同进退，整个队形因此看起来像锯齿形。

尽管维京人主要采取步战的作战方式，他们偶尔也会在战场上投入骑兵，比如968年的爱尔兰萨尔克伊特（Sulcoit）之战和888年在法国的蒙福孔（Montfaucon）之战。然而，更常见的情况是，维京人仅仅用马匹作为增加他们突袭远征的机动性的一种工具。出于这种目的，他们要么把马匹赶拢在营地附近，要么在一场战事后带走所有战死的敌人的马匹。885年，罗切斯特（Rochester）围城战的升级导致维京人抛弃了他们的马匹。缺乏机动性可能影响了他们随后离开大陆的行动。

在9世纪晚期的英格兰，随着维京人和撒克逊人都开始使用城堡，一种阵地作战的方式发展了起来。在维京人已经占领的区域，古代斯堪的纳维亚式防御工事通常包括壕沟和

对页图：这些铁剑被发现于丹麦的日德兰半岛，据信所属时代为9—11世纪。（Dea /G. Dagli Orti/DeAgostini/Getty Images）

坝墙，一起用于防守的还有木栅栏墙。维京人会占领一些偏远的海岸地带和岛屿，用作安全的登陆港口。这种海军基地有时是不设防的，因为位置偏远、四周环水且斯堪的纳维亚人控制着海路。维京人对这种地方的占领一般是临时性的，虽然在未来的年月里再次使用的情况很常见。

在维京时代，斯堪的纳维亚人军事活动始终很明显的另一个特色是在榛木战场（hazelled field）上进行的决斗式征战。这是一种特别选择的战场，四周用榛木栅栏围起来，敌对双方根据达成的协议，在约定的日期和时间内在榛木战场上作战。如果收到敌方提出的在榛木战场上"决斗"的挑战，而拒绝接受这种挑战，或者在战斗开始前袭击敌方的领土，显然都是很不光彩的行为。

旗帜和号令

维京军队从一开始可能就配有带长着长牙和翅膀的怪兽图案的战旗，所以根据东法兰克人的编年史《福尔达编年史》（*Fulda Annals*）的描述，我们至少可以推测旗帜在维京人的军事行动中起到发布信号的作用；而且，我们知道，连信仰基督教的奥拉夫·特里格瓦松王也有一面绘有毒蛇图案的白旗。不过，根据大多数记载的说法，维京旗帜上的图案通常是乌鸦。例如，在1016年阿星顿（Ashingdon）之战期间，克努特王所配备的是一面刺绣有乌鸦图案的白色丝绸面料的战旗，而《盎格鲁-撒克逊编年史》记载，早在878年曾夺得一面实际上被称为"乌鸦"的维京人战旗。根据《圣尼奥特编年史》（Annals of St. Neot）的记载，如果乌鸦旗迎风招展，代表维京人获胜，但如果乌鸦旗低垂，意思就是维京人战败了。

奥克尼群岛的西格德伯爵（Earl Sigurd）的乌鸦旗据说具有某种魔力。这面乌鸦旗由他的据说是女巫的母亲为他缝制，被描述为"乌鸦刺绣得非常巧妙，在旗帜迎风飘扬时，上面的乌鸦看起来好像在拍打翅膀"。根据《奥克尼萨迦》（Orkneyinga Saga）的说法，西格德的母亲曾这样警告他说："乌鸦旗将给举旗者前面的那个人带来胜利，给举旗者带来死亡。"果不其然，在该旗进入战阵的第一次作战中，西格德的旗手在战斗一开始时就被杀死了。"伯爵命令另外一个人接替旗手，但没过多久他也被杀死了。伯爵接连损失了三个旗手，但他赢得了那场战役。"认为乌鸦旗具有影响胜利的能力，跟斯堪的纳维亚人的异教信仰有很大关系，因为乌鸦是奥丁神的鸟，而且与日耳曼世界的战场杀戮有关联。

除了旗帜，维京人指挥官还有别的一些信号装置用于跟他的部下交流信息。《埃吉尔萨迦》（Egil's Saga）提到过用号角召唤在攻击后分散开的海盗们集中的情况。我们也在

下页图：图示贝叶挂毯上的场景展示的是黑斯廷斯战役期间的盾墙，由配备重型装备、手持风筝形盾牌的士兵组成。在最右边的位置可以看到仅有的一个提供射击武器支援的弓箭手。（Dea/M. Seemuller/DeAgostini/Getty Images）

文献中读到过有关用号角发布准备战斗、下海、登陆、进攻和前进信号的情形。喇叭也可用于在居住区发布全体集合的命令。不同装置的使用意味着维京人普遍能理解这些装置所发布的信号的意义。

萨迦中将这种情况归功于中世纪早期几位杰出的斯堪的纳维亚人将军所运用的令人难以想象的策略和计谋。这些涉及不寻常事件的传说常常会被归在不止一个领袖人物的名下。他们中有的曾假死，有的找到了进入顽强抵抗的被包围城市的通路，有的曾在今天看来十分可疑地利用无辜的野鸟进行纵火战。即使这些故事都不是真的，它们还是反映了维京人对于在战争中制造假消息和耍花招的兴趣，这些做法并不会让受到过现代军事教育的军校学生感到羞愧。

维京人作战的传统形式是突然袭击。对威塞克斯王国位于切本哈姆（Chippenham）的王宫的冬季突袭属于大师级的手笔，令英王阿尔弗雷德跟他的卫队相脱离，几乎造成了灾难性的后果。我们注意到，维京人会在他们的敌人认为他们不会出动的时候（宗教节日期间）发动攻击，以非常快的速度，使用压倒性的力量发动攻击。看来，尽管没有接受正式军事训练，依靠口头传讲经验的维京战士也能具有一定程度的战略和战术水平。

后勤供应

维京军队的装备和供应情况在8世纪时跟后来的时期相

比有相当大的差异。在维京时代早期，分权制政府在没有地方军阀同意的情况下，无法供养大型的军队。

供养大型的军队需要的不仅仅是比任何地方自由民领主都强大。地方的军队都依靠当地农庄的生产获得供养和装备。后来的用于规范挪威领土防御的法律文献《赫德卫队之书》（*Hirdskra*）是这种制度的晚近遗存。按照这种制度，家族和部落军将尽可能地参与发动远征。战争的组织取决于当地领主，他们也是当地社会的领袖。

半传奇性的朗纳尔·洛德布罗克（Ragnar Lodbrok）[1]系最早侵入英格兰的维京"大军"（Great Army）的领袖，显然已经称王。看来，与古代家族系统并存的王权，实际上依赖于王室所属的家族。据说，洛德布罗克的儿子们（可能并非血缘亲属）征服了英格兰的七个盎格鲁-撒克逊人王国，为他们被诺森布里亚王国处决的父亲报了仇。维京"大军"效忠于一系列的君主，这种效忠并非是不可变的。从当时维京军队所参加的战役情况看，与此同时还存在着更小规模的独立行动的维京军队。洛德布罗克的一个儿子在878年

下页图：彼得·尼古拉伊·艾堡（Peter Nicholai Arbo）绘制的《圣奥拉夫在史狄克斯达德之战》（*Saint Olav at the Battle of Stiklestad*，1859年），见于奥斯陆国家美术馆馆藏。信仰基督教的维京王奥拉夫·哈拉尔德松在1030年的史狄克斯达德之战中战死，后来被封为圣徒。（Fine Art Images/Heritage Images/Getty Images）

---

[1] 根据萨迦文学，朗纳尔是9世纪时的维京人传奇英雄和君主，曾率领维京人在法国和英格兰进行过众多的袭击活动。——译者注

熊皮战士和狼皮战士

在异教徒时代，也就是斯堪的纳维亚人被转化为基督教徒以前，熊皮战士被看成拥有来自维京人的主神奥丁神的超自然力量。《伊林格萨迦》（*Ynglinga Saga*）记载，熊皮战士在作战中，"冲锋时不披挂护甲，疯狂得犹如狗或者狼一样撕咬盾牌，像熊或者野猪一样强壮，一箭就能射杀敌人，没有任何火或者铁器能伤害得了他们。这就是所谓的熊皮战士的'狂暴之怒'（berserk fury）"。在现代英语中，人们在说到某人陷入了极度愤怒状态时，还会说那人是"gone berserk"。在现实中，这种狂暴之怒可能属于某种形式的狂想症发作，与对于变狼的信仰（相信人能变成狼）有关，在有些情况下，则可能是某种癫痫病人发动的攻击。不管熊皮战士的本质到底是什么，很清楚的是，熊皮战士属于某种遗传性胜过可学习性的人物。在《沃尔松格萨迦》（*Volsunga Saga*）中，我们得知，西格蒙德和他的儿子辛弗乔特利（Sinfjotli）在身上披挂狼皮，使用狼的语言；在向敌人发动进攻时像狼一样嗥叫；在《赫拉夫·克拉吉萨迦》

（*Legend of Hrolf Kraki*）中，熊皮战士波瑟瓦·博贾吉（Bothvar Bjarki）据说在战斗时就像一只大熊。熊皮战士，有时也被称为狼皮战士（ulfhednar），跟他们联系在一起的最常见的动物是狼和熊。这种情形看起来无疑验证了"berserkir"（熊皮战士）一词的本源是"bear-shirt"（熊皮衣），而不是很多人经常认为的"bareshirt"（不穿衣服）。

9世纪的古代斯堪的纳维亚诗歌《乌鸦之歌》（*Hrafnsmal*）将熊皮战士描述成一种具有巨大勇气的人，他们从来不会在任何战斗中退缩。这个说法，加上据说奥丁神显然非常喜爱熊皮战士，意味着他们属于大多数异教徒维京国王的卫队的一部分，在古代维京文献中经常能见到对这支部队的描述。在陆战时，熊皮战士战斗在队伍的前列；在海战时，他们挺立在国王坐船的前甲板上。

在后来信仰基督教的冰岛，"狂暴之怒"实际上是为法律所禁止的，而且，熊皮战士被当成某种恶魔，萨迦类作品亦将他们描述为愚蠢的恶棍，只配由合乎基督教标准的英雄人物砍杀。很可能，在基督教化后的斯堪的纳维亚半岛，人们看待熊皮战士也是这样的态度。

袭击德文（Devon）时被杀，而这次攻击的目的可能是获得可以定居的土地。876年，哈夫丹（Halfdan）已经将诺森布里亚分封给他的追随者。878年的攻击也相当有可能是为了掠夺进行奴隶贸易的人口和牲畜。

我们注意到维京人中间存在着两种不同的组织系统。机会主义的维京劫掠者利用诺森布里亚地区的政治真空，建立起对当地土地和农业生产的控制。在未来，约克的斯堪的纳维亚国王将在那里实施偶尔中断、苛刻但有效的统治。这一统治一直持续到10世纪中期。驻扎的军队通常由当地提供给养

在刘易斯岛的乌伊格（Uig）发现的一套象棋棋子。其中有一种撕咬盾牌形象的棋子，可能代表的是熊皮战士。（CM Dixon/Print Collector/Getty Images）

为了将长船的库房装满，维京人会上岸纵情劫掠，赶走牛羊，抓走用于奴隶贸易的年轻女子和青少年。（Artwork by Angus McBride, © Osprey Publishing）

和装备，但有时也通过海外的维京人获得补给。878年发生的意外事件可能有着更加重要的含义，但采取的攻击形式仍旧是793年曾令林迪斯法恩岛上居民大吃一惊的方式——在没有防守的海岸上迅速地登陆。进攻者将带走他们需要的一切东西，然后继续进发。不幸的是，由于防守的情况发生了变化，这一次他们的领袖却倒了霉。根据《圣尼奥特编年史》记载，当时维京人的领袖是胡巴·洛德布罗克森（Hubba Lodbrokson）。虽然威塞克斯王本人逃跑了，当地的郡长却聚集起来一批人马，在未获得王国腹地支援的情况下击败了胡巴。郡长跟早期的小王侯不同，跟本地没有个人的联系，但却是忠诚的受任命官员，可以被撤职或者调离。战事的结果显示出战争的无常，但要击败一支拥有23艘舰船的军队肯定是需要相当水平的准备工作的。

城堡建造

英格兰各王国的军事化使得击败维京海盗和征服全英格兰成为可能，这种军事化依托于威塞克斯王国在9世纪晚期和10世纪间所建造的网络化的城堡工事。在英王阿尔弗雷德统治后期，阵地战变得更加重要，当时斯堪的纳维亚人试

下页图：950—1000年的丹麦城堡。这个丹麦人的城堡，属于典型的"特瑞堡"类型，特点是城堡内具有简洁的规划，在城堡中央广场四面有四个居住区。（Artwork by Gerry Embleton, © Osprey Publishing）

图守住他们的既得利益，同时攻破最后一个萨克逊人王国。在一份保存至今的盎格鲁-撒克逊人的市镇税收表（Burghal Hidage）上，列有设有防御工事的地方。在它为我们描绘出的场景中，每32千米左右就建有一处王室防御工事。在当地财力的支撑下，造币厂、市场和堡垒被集中设置在王室政府控制的中心地带。城堡成为统治中心，以及抵抗外敌入侵和被入侵时采取进一步行动的中心。

发展水平最高的维京人王国丹麦，在9世纪见证了一系列非凡的地区性城堡建筑的出现。它们被命名为特瑞堡（Trelleborg），尽管这些建筑中最早的一座是出现在菲尔卡特（Fyrkat）。建筑所具有的惊人的条理性使得某些研究者猜疑特瑞堡的建立是出于严格的军事性规划。有些人甚至建议在测量城堡时采用改良的"罗马尺"（Roman foot）。这大概是想要把"金字塔寸"全面复制到这里来。事实上，这些防御工程在它们最初出现的时候并不像现在看起来那样充满创造性。用一个一头固定在地面上的长绳就可以圈出城堡的圆形轮廓，这并不需要任何其他更复杂的测量工具。已知更早的圆形防御城堡出现在波罗的海的奥兰群岛和低地国家。内部建筑物的条理性可能是源于建造的目的是用于短期占领，而不是用作严格的军事用途。将这些建筑解释为"八字胡"斯维因或克努特统治时期的产物，已经强调了它们的军事用途性起源。

很少有人怀疑特瑞堡是由一个强大君主下令建造的。这些堡垒的建造甚至可能受到过英格兰盎格鲁-撒克逊式城堡系统的影响。它们的服役目的也是一样的，用于控制不断发展的农村地区。几乎可以肯定的是，11世纪早期丹麦人对于英格兰的征服使得在丹麦建造特瑞堡所需的组织良好的后勤系统成为可能。

征兵制度

维京士兵的征发和后勤保障最初是以地区为基础的，后来变成以更加复杂的国家系统为基础，这种变化反映出维京士兵性质的变化。通过王室在重大事件上所发挥的作用越来越大可以看出，国王在这一过程中扮演着重要的角色。历史上北方民族所建造的最大的长船是由奥拉夫·特里格瓦松国王所投资建造的"长蛇号"。新型稳固军队的后勤在某种程度上有赖于税赋经济的发展，因此我们可以看到特里格瓦松在斯沃尔德尔之战时需要给卫队发放刀剑。在那个时代，好领主的特点就是能送给大家合用的武器。

在10世纪到11世纪拐点的那些年代里，维京雇佣兵团因征收丹麦税（Danegeld）发了大财。他们的主要目标是勒索银币。"高个子"托鲁特尔对此不闻不问，只要他的人马有钱捞即可。这种征税实际上就是维京雇佣兵团的收入，虽然在当时按货币领域的通常做法，仍旧倾向于把银的重量和质量当成真正的币值，使用建立在信用基础上的纸币的阶段非常短。这种不成熟的经济足以支撑像维京雇佣兵团这样的职业军人团体。他们把自己的所有时间都用于军事活动。

对于维京人的军队来说，后勤供应问题是相对简单的。在远离本土进行远征时，他们依靠打劫为生，直接勒索那些对他们心存畏惧的地区，或者定居在已经被征服的土地上。物资的运输看来并不一定是使用车辆。现存的古代斯堪的纳维亚轮式运输装置是礼仪性的物品，按其结构来说无法在一个实际上没有道路的地区使用。此处，来自冰岛的文献曾大量提到过驮马的使用。

衣着和装备

斯堪的纳维亚人对欧洲大陆的早期的大规模海上侵袭由6世纪的海格拉克大帝率领济慈人实施。据估计，这个来自南部瑞典济慈人部落的领袖们所能提供的装备的水平，相当于被发现于瓦尔斯加德（Valsgarde）和文德尔（Vendel）的精英墓地中所埋葬的同类物品的水平。到8世纪末期，瓦尔斯加德的头领们的拼条式肢体护甲显然已经被放弃使用。突袭林迪斯法恩岛的维京战士们很少配备护甲而护甲的减少则对应于维京人所进行的战争性质的改变。在本土的领土征战已经不再是斯堪的纳维亚人获益的唯一精力释放口，更加机动的战争形式要求战士们配备分量更轻的护甲。

服装和发饰

中世纪早期的观察者评论，当时的斯堪的纳维亚人非常关注他们的日常穿着打扮。在维京人古代遗址中，发现过很

来自英国库尔德尔（Cuerdale）的窖藏中的碎银器、钱币和银锭。该窖藏是迄今为止所发现的同类窖藏中最大的一个，可能是维京军队的薪金库（Topfoto）。

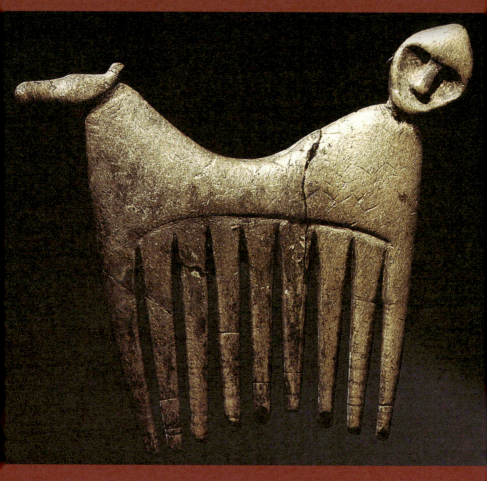

以人头像和动物头像装饰的梳子。这把梳子属于维京时代以前，但在维京人的文化遗址中也曾发现过很多类似的物品。（Werner Forman/Universal Images Group/Getty Images）

多的梳子，这表明维京人非常重视毛发的护理。不管在维京男性墓葬中，还是在女性墓葬中，都发现了个人卫生用具，其中有些经过精心的装饰。这里面包括用于拔除过多毛发的小镊子和小掏耳勺。只有具有一定社会地位的人才能在这种活动上花得起时间。结果穿着打扮漂亮就成了中等或高等维京武士的特征。

战服不仅仅是为了服装统一或者进行伪装，也能显现出穿着者的财富，彰显其自信心。战士们会穿着他们最精美、最引人注目的服装出战。在《恩吉奥萨迦》（Njal's Saga）中，斯卡尔菲丁在投入暴力冲突前穿上了他最豪华的服装。家族仇杀的参与者们远远地便能通过衣服的特点互相识别。盛装华服的意图通常是为了让别人注意自己，而不是隐藏自己。

鞋或者靴子通常是用来自牛身上的光板皮革或者毛皮做成的，但有时也用海豹皮或者驯鹿皮。古代维京人把带毛的牛皮鞋叫作"hriflingr"。自由民武士估计会穿用加工过的皮革制作的更高档的鞋，类似于在英国约克郡亨盖特（Hungate）和科珀盖特（Coppergate）发现的鞋类文物。维京人穿着的鞋和靴子有各种各样的风格。它们可以用单张皮革加工而成，也可以用沿着鞋面缝合的两部分皮革制成，其上便会有一条从最上面直到脚尖部位的缝合线。而鞋底通常用单独的皮块制成。这些鞋子并不都是天然皮革的颜色。比如，斯卡尔菲丁就有一双黑鞋子。

贝叶挂毯上使用的颜色可以帮我们推测维京时代人们所能获得的颜料。在11世纪末期以前，染色技术不可能发生巨大的变化。贝叶挂毯持久鲜艳的色调表明在这种产品的制作过程中使用了有效（而且可能也很昂贵）的染色剂。如果不是本地土产，那么斯堪的纳维亚人要获得这种材料必然就得通过进口。穷人可能更多地使用未经染色的材料，而有地位的维京人更欣赏色彩丰富的服装。

护甲

今天我们已经无法看到完整的维京时代的锁子甲，甚至那些锁子甲的碎片也很难看到。锁子甲作为一种防护用具直到中世纪以后仍旧有其使用价值，并且在那以后仍旧被使用了很多年。但是这没法解释为什么现存的维京人锁子甲如此稀少，也许维京人并不太使用这种护甲。在萨迦中出现的诗歌，通常要比萨迦文本的主体出现的年代更久远，倒是经常提到覆盖上臂和大腿的锁子甲（byrnie）。在描述维京时代后期事件的文本中，提及锁子甲更频繁，这可能意味着当时使用锁子甲的情况变多了。斯特尔卢松的《挪威王列传》（*Heimskringla*）推断，在斯坦福桥之战中，维京人正是因为缺少锁子甲才失败的。挪威人实际上将他们的护甲留在了位于瑞克尔（Riccal）的船上。讲述哈拉尔·哈德拉所经历战事的诗篇也提到过此战中护甲的缺乏问题。国王本人有一件十分重要的锁子甲因其甚至有了一个自己的名字"爱玛"，据说长可及膝。随着时代的发展，锁子甲的使用变得更加普遍，而且可以防护身体的大半部分。欧洲大陆人所使用的锁链头巾（mail coifs）后来也为维京人所采用。

晚期撒克逊王国的战斧骑兵按民族来说属于丹麦血统。根据贝叶挂毯的显示，萨克逊人和诺曼人的装备很相似，而诺曼人显然是佩戴锁链头巾的。

能证明古代斯堪的纳维亚人使用札甲（lamellar armour）的证据非常少见。札甲系用带子连缀小块金属条而成的护甲。博卡（Birka）位于瑞典中部，在古代曾经是一个重要的贸易城镇，但现在那里只有一个孤立的农场。在博卡曾发现过一些古代盔甲上的金属片，也许是因为那儿在古代跟东方的商业城镇有联系。

也少有证据能证明古代维京人使用皮甲或者纺织物甲。斯特尔卢松在《挪威王列传》中提到，曾有人将13副驯鹿皮制成的身体护甲送给圣奥拉夫作为礼物。据说这种护甲对于攻击的防护效果要优于锁子甲。在哥特兰岛的墓碑上曾发现可能代表多层棉袄式护甲的雕刻。但这种东西到底是什么仍不确定，因为不确定这种绘画的性质。

盾牌

哥特兰岛墓碑上还有一些明显是带着小圆盾的维京武士。参考携带这种武器的人物大小，估计这种武器的直径是61厘米或更小。这种武器可能一直有使用，但没有幸存到现在的考古证据能证明这一点。如果哥特兰岛墓碑的雕刻工匠在上面雕刻直径0.9米的盾牌，人物的很大部分就会被盾牌挡住。艺术家因此只能牺牲掉严格的比例，以便对作为主要表现对象的人物进行更细致的刻画。在同时代石制品的雕刻

动力和心理

最早提到日耳曼民族武士[1]的典型文献是古典时代的古希腊历史学家斯特拉波（Strabo）的著作。献祭被当成是对于特定许愿的履行，属于一种在古代希腊—罗马世界人们非常熟悉的仪式。夺得的财富、武器装备和俘虏都可以献给神，用作神在取得胜利的战争中对己方支持的回报。维京人相信，战场归一个强大的战神管辖。这种战神信仰在更南方的欧洲大陆上的日耳曼部落成为基督徒之后很久，仍旧在斯堪的纳维亚人中间流传。

根据冰岛作家斯诺里·斯特尔卢松（Snorri Sturlusson）的说法，维京战士将瓦尔哈拉神殿看成适合自己的最后归宿。在那里，奥丁神统领最终的贡赋经济，为那些被选中的人提供难以想象的豪华生活，在那里他们每天战斗到死，每天又重新复活。按照中世纪早期的异教逻辑，奥丁神招募勇士可能是合理的说法，越是强大的军

---

[1] 维京人属于日耳曼人的北部分支。——译者注

团越是需要强大的领导者。斯特尔卢松认为这种行为有更多含义。奥丁之所以要养一支军队，是为了参加世界末日的末日之战。这种说法有些可疑，听起来很像后来中世纪时人类灵魂最后要上天堂的说法。基督教的上帝会征召完美的灵魂替补那些堕落的天使。毕竟，斯特尔卢松是为基督教读者写作的基督教作家。他对于古代斯堪的纳维亚人宗教的描述到底在多大程度上反映了现实，如今已经完全没有办法确定，没有任何古代斯堪的纳维亚人的异教版本的神话留存下来可供比较。

维京战士观念中的宇宙，作为一种超自然的存在，似乎受限于一场由一位慷慨而值得尊重的君王领导的最终之战。尘世间的统治因此必然尊重同样的原则。这位君王在早期日耳曼社会是一个对其身边世界实施冷酷统治的王者形象。这样的一种统治观念首先进化成为对于本地君主的忠诚意识，最终变成君主制思想。随着所依附的权力性质的变化，维京战士们对于权力的态度也发生相应的变化。

下页图：在一条12世纪的挂毯上，我们可以看到维京人中间的基督教和异教徒进行争斗的场面。上面靠右侧有三个拿着铃铛吓走恶鬼和异教神灵的人物形象。（Werner Forman/Universal Images Group/Getty Images）

上，也有这种类型的对比例的放弃。

留存至今数量最大的成批的维京时代盾牌是科克斯塔德古船上的随葬品。不过，这些盾牌是用于陪葬的特殊类型，可能无法完全代表当时在战争中实际使用的盾牌。1990年英国城市大学（City University）的学者丹尼尔·以斯拉（Daniel Ezra）所进行的实验表明，复制的科克斯塔德古船上的盾牌在用于个人作战时非常笨重，且用于密集队形中很容易让使用者感到疲倦。相对而言，用于保护盾牌把手的金属防护盖——盾牌顶盖（shield bosses）有很多的发现。根据估计，维京人的盾牌外缘应该有金属镶边；事实上，迄今为止，考古发现的维京盾牌上没有一面上面有完整的金属镶边。盾牌的有机物构件部分通常已经腐败到早期考古技术无法复原的程度。

在维京时代的最初一个世纪里，维京盾牌的形状显然始终是圆形的。在奥塞贝格发现的令人感到好奇的椭圆形盾牌在考古发掘中是仅见的案例。风筝形的盾牌最早出现在斯堪的纳维亚半岛是在11世纪，被称为"Holfinn-skjoldr"。这种盾牌在维京时代晚期使用的普及程度是很难推测的，但在黑斯廷斯之战时盎格鲁-斯堪的纳维亚的战斧骑兵几乎都专门配备了这种盾牌。君主们可能希望这些高薪聘用的职业军人部属能够采用大陆样式的最新装备。

头盔

当今时代唯一能确定算作维京人头盔的实物发现于挪

9—10世纪维京人的典型装扮。注意不同武士的束腰外衣、头盔和马裤的区别。剑、斧、长矛和盾牌是维京武士的基本武器装备。（Artwork by Angus McBride, © Osprey Publishing）

泽曼德布（Gjermundbu）头盔是能够确定为维京时代维京人头盔的唯一案例。（Universitets Oldsamksamling, University of Oslo，Norway/ Photo © AISA/Bridgeman Images）

威的泽曼德布，通常认为其时代为9世纪晚期。在外观上，该头盔采用的是斯堪的纳维亚人头盔的早期传统样式，带有一种独具特色的"眼镜"形状的固定面甲。不过，该头盔跟早期的维京头盔样式相比有相当大的差异。泽曼德布头盔由一根护额的金属带、两根构架的金属条和四片构成盔盆的金属板构成。其中一根金属条位于对应头部中线的位置，另外一条位于两耳之间的盔碗位置。所有金属条都跟护额的金属带，也就是固定的面甲相连。构成盔碗的四片金属片由铆钉在跟其他部件交叠的位置固定，防护其他部件之间的空档位置。前维京时代的瓦尔斯加德式和文德尔式头盔的制作都要更加精细。在这两类头盔中，有些采用了强化的盔顶，还有一些采用了护颊。真正的维京时代头盔更类似于图示的泽曼德布头盔。

在锡格蒂纳（Sigtuna）发现的驼鹿角雕刻上，维京武士戴着圆锥形的头盔，上面显然有四块由铆钉固定的成形金属片。虽然看不到任何结构性的部件，头盔底缘的一排铆钉表明该处至少是有护额的金属带的。该部件朝鼻子方向的突出部分可以被理解成具有纵向护头的作用，虽然这还不能确定。维京人留下很多不朽的绘画，例如在克莱英顿（Kirlevington）、扫克伯恩（Sockburn）和米德尔顿的十字架碎片上，就有戴着可能是圆锥形头盔的武士形象，但是武士戴着的是尖头帽或者风帽的可能性也一样大。

有两个来自中欧地区的著名头盔，通常被认为属于维京时代，其中一个被称为"奥尔米茨"头盔（Olmütz

helmet），现藏于维也纳的收藏机构，另一个"圣温塞斯拉斯一世"头盔（St. Wenceslas helmet）系来自布拉格大教堂的珍宝。它们的盔碗都是由一整块锻造材料制成的。没有证据表明古代斯堪的纳维亚武器工匠掌握这种技术，考虑到这种物品的年代和古代维京人所使用的装备的多样性，这种类型的头盔可能在维京人中间也有使用。据说，圣奥拉夫在1016年的内斯加（Nesjar）之战时曾派出过一支装备着锁子甲和"外国样式"头盔的百人精锐部队。

武器

在古代维京文化遗址发现的典型进攻性武器有剑、斧、矛和弓。这种文化遗址主要为墓穴。在武器方面，丹麦地区的维京时代早期文物与瑞典和挪威地区文化遗址发掘出来的文物相同，但丹麦人对于基督教的初步接受结束了为死去的武士陪葬武器的风俗，这造成了在维京时代晚期丹麦地区遗址中发现武器数量的减少。

剑

维京剑（仅在斯堪的纳维亚半岛即已发现超过2000把）的最普通样式是双面直刃长剑。这类剑通常长约0.9米，带有一个简单的跟剑身成十字形的护手，有些护手带有弯头。为了减轻重量和增加强度，剑刃通常经锻打而成。这类剑的剑尖相对而言比较钝，因为它们更多的是用于砍，而不是

9—10世纪挪威人使用的武器：科克斯塔德古船上的盾牌、泽曼德布头盔，以及来自不同考古遗址的剑、矛头和斧子头（Topfoto）。

刺。这类剑有些是纯粹功能性的，但有些也具有很强的装饰性。比起欧洲的其他地方，古代斯堪的纳维亚半岛使用铜合金的情况更常见，但即使这样，维京剑的标准制造方法仍旧是采用铁剑柄和铁护手。不用的时候，维京剑放在木制的剑鞘内。这种剑鞘通常外覆皮革，用金属包头。在理想的状态下，剑鞘的内部以毛边向里的鱼皮衬里及天然的油脂保护金属锋刃。剑鞘通常挂在腰带上，但也可以用肩带背在背后。

这类长剑有一种重要的本地变异类型，长约0.9米，单面有刃，有时被称为长斧（long-sax）。这种类型的武器通常为土生的挪威人所使用，而有一种单面的类似真正的斧头（sax）的武器则跟撒克逊人（Saxons）有关。长斧所用的配件大体上跟维京剑的配件类似。这类剑的剑刃显然是用花纹钢工艺（pattern welding）制造的，这可能意味着其乃地位较高的人使用的武器。

在古代维京文化遗址中，经常发现尺寸更小的单面刃小刀。它们的巨大数量（仅1976—1981年在科珀盖特的发掘中即发现大约300把）无疑表明它们属于日常应用的吃饭器具和工具用刀。某种程度上尺寸更大的长斧可能被用作狩猎武器而非军事装备。这种长斧上所采用的装饰性配件的水平高低当然指向的是使用者的富裕程度。

斧

根据使用者的地位不同，维京时代的战斧也配有不同的装饰。不采用嵌银工艺的华丽的曼明斧（Mammen axe）不过就是一把普通的伐木工具。根据使用目的不同，斧头的形状也各异，虽然需要明确的是普通的伐木斧也是可以用作武器的。出现于维京时代后期的需要双手挥动的宽刃斧属于

一把16.5厘米长的小斧子头，来自日德兰半岛的曼明。斧身上镶嵌有"曼明风格"的装饰性银线，所谓"曼明风格"正是因此斧而得名，其特色是装饰性的扭曲动物图案。（Werner Forman/Universal Images Group/ Getty Images）

专用的器具。在黑斯廷斯之战发生的年代，宽刃斧几乎已经成为盎格鲁-丹麦战斧骑兵的标志性武器。这可能是为了应对当时锁子甲使用变得更加常见这一形势。斧子带有倒钩或者斧刃向下延长有时被看成古代斯堪的纳维亚人所用斧子的一种特色。考虑到在中世纪欧洲类似样式的斧头曾广泛出现过，这种说法似乎并不太稳妥。

在维京人考古遗址中，除了长矛外，未发现其他长杆式武器。可能按照葬礼的风俗，在萨迦中提到的戟和钩镰枪未予下葬，或者这些武器是后来在转述中串入古代斯堪的纳维亚文学的。布鲁南堡（Brunanburn）之战发生时，埃吉尔·斯卡德拉格里姆松使用的武器中有一种令人感到好奇的刺锁子甲刀，听起来可能就是一种长柄大刀，在农村用的镰刀上加矛尖用于作战发展而来。这种武器为人们所知是在墨洛温王朝的法兰克人墓葬中，在维京时代晚期的绘画中也可以经常看到，但大多数留存下来的实物都是中世纪晚期的。在8—11世纪的斯堪的纳维亚人似乎很少使用这种类型的武器。

矛

对丹麦古墓的早期调查表明，矛是这些墓葬中第三常见的武器，程度仅次于斧和剑。考虑到长矛在战斗和狩猎中的

对页图：8世纪的维京剑、马镫和矛头。（Nationalmuseet, Copenhagen, Denmark/Bridgeman Images）

价值，长矛在古代斯堪的纳维亚使用的普及程度应该比该调查所显示的更高。在当时那个年代，比起其他受欢迎的武器来说，矛头更容易制造，成本也更低廉，携带长矛的维京人应该要比带剑的维京人更多。矛造价的低廉可能可以用来解释为什么这种武器在陪葬品中较少出现。

跟维京人有关的很多长矛系进口自加洛林王朝，这可以从这些长矛所具有的宽刃和比插座宽的翼状配件等特点看出来。后一个特点类似于猎野猪矛上的十字形护手，这种装置用于防止矛杆在被攻击对象的身体上插入得太深。现代人所做的试验表明，这种装置也可以用于钩敌人的盾牌缘。具有更窄锋刃的长矛可以被解释成标枪，尽管文学作品通常暗示任何长矛都可以有两种用途。在这种类型的长矛上有时也会发现精细的装饰，但并无规则禁止把它们用作投掷性武器。投掷者有在投出标枪后重新拿回自己武器的想法是很正常的。个性化的装饰有助于投掷者迅速识别出各自的武器，并且当他们从被杀伤的敌人身上拔出标枪时，也可以明确无误地展现投掷者各自的技术高低。

武器制造

有关维京人武器制造的记载大量见于冰岛文献，这些记载的主要针对对象是地位更高者的传家宝器甚或古代英雄的具有魔力的武器。其所描述的充满神秘意义的制造方法经常含糊不清。很难判断这些记载到底有多准确，但在制造特殊武器时可能是需要举行某种仪式的。可能这些令人感到奇怪

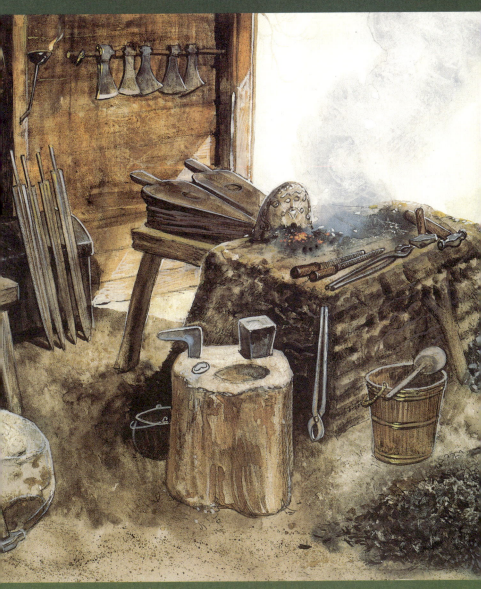

维京时代铁匠铺内部的景象，这里面可以见到当时用于生产武器和盔甲所需要的大多数器具。（Artwork by Gerry Embleton, © Osprey Publishing）

的有关锻造技术的描述只是简单地曲解了维京铁匠所使用工艺的复杂性。在这里，我们可以清楚地看到研究者试图将萨迦故事当成历史记录的困难。

《锡德里克萨迦》（*Thidrik's Saga*）声称麦明剑（Mimming）的打造借助了半神的铁匠韦兰（Volund the Smith）[1] 的力量。描述中有一些不可能存在的夸张过程，如打造一把完整的剑，要将剑丢进灰土里，在灰土上面喂养本土品种的家禽，以便让剑跟家禽的粪便彻底混合在一起。在韦兰感到满意前，这个流程要反复进行两次。在阿拉伯文手稿中，有孤立的证据显示古代罗斯人也使用类似的技巧。这种故事可能只是对于在锻造过程中使用动物粪便的误解，使用动物粪便的目的可能是给刀剑的锋刃引入硝化的微量元素。

铁制武器最需要的微量元素是碳。如果含碳量低于0.2%，铁器就无法变硬；含碳量超过1%，就会丧失钢铁的性能。维京铁匠们必须借助前代师傅们传授下来的方法确定碳的含量。公元前2世纪以后，蛮族的铁匠们就已经懂得铁的表面需要在隔绝空气的环境中将其暴露于碳基的气体进行处理。这一目的可以在含有碳材料的高温陶罐中实现。

锻造武器所用的中等精度钢铁，可以通过在熔炉中将混有例如骨头等有机物的铁矿石加热到1200摄氏度的方法得到。然后可以将其锻造拉伸成为具有钢铁表面的棍子。这种毛坯还要进一步反复对折锻打，再跟含碳量较低的棍形毛坯

---

[1] 日耳曼神话中传奇的大师级铁匠。——译者注

锻造为一体，以获得一种带花纹外观的复合型锋刃。这种工艺过程有时被称为"花纹钢工艺"。

斧子和矛头通常用普通钢制造，虽然所有这些类型的武器的制造都被发现采用过花纹钢工艺。有时，会将硬度较高的钢材做成锋刃，与用含碳量较低的、不那么易碎的钢铁制成的武器主体结合在一起。

在纽芬兰兰塞奥兹牧草地（L'Anse aux Meadows）的古代维京人遗址，可以见到属于常规武器制造流程的所有工序的文物遗存。考古学家黑尔厄·英格斯塔德（Helge Ingstad）在某种类型的作坊中发现了使用沼铁（一种天然累积生成的铁矿）的证据。她所确认为铁匠铺的建筑物位于已知的维京人行程所及的西方最远处。这个所谓的铁匠铺属于一个临时居住区的一部分，但是也已经足够在经维京人占据一些年后生产出铁来。

侏儒阿贝利希（dwarf Alberich）[1] 打造宝剑埃基萨克斯（Ekkisax）时，需要将剑刃所用材料埋进土里一段时间，以改善其性能。采用这种埋铁处理方法的目的可能是为了去掉铁矿石中的杂质。通常，此后经过一段时间的烧炼，剩下的材料将被在低于熔点的温度下锻造成厚条。用这种方式，可以将大块的铁锻打提纯。在现代冶金工艺出现，使得人们可以容易地冶炼赤铁矿（一种氧化铁矿石）以前，在斯堪的纳维亚半岛生产的大多数铁都是用这种方式分离出来的。

---

[1] 北欧神话中人物。根据《锡德里克萨迦》，宝剑埃基萨克斯和纳格尔莫宁（Naglhring）均为侏儒阿贝利希所打造，前者为埃卡（Ekka）所有，后者为锡德里克所有。——译者注

第三章

战争中的
维京人

THE VIKINGS IN BATTLE

合伏斯峡湾之战（Battle of Hafrsfjord）。"铁脚"奥南德（Onund reefoot）就是在这场战役中，在跟持手斧的狼皮战士的对战中赢得了"铁脚"的绰号。图画表现的是，在一次尝试登上敌船的作战过程中，这个好汉用盾牌挡主了敌人长矛的刺杀。（Artwork by Gerry Embleton, © Osprey Publishing）

约872年：哈伏斯峡湾之战

在冰岛历史上，哈伏斯峡湾之战的重要意义在于此战导致了海外移民潮，随后造成了不那么令人向往的结果。参战一方是未来挪威的唯一国王哈拉尔·哈法格雷的部队，另一方是一个松散的联盟军，其中包括代表这个国家北部和西部地区利益的不同社会层次的大小领主。

哈拉尔·哈法格雷是"黑脸"哈夫丹（Halfdan the Black）之子，从父亲手里继承了一个小王国西福尔（Vestfold）。该王国控制着进入挪威南部的商路，具有一定的重要性（考邦是该地区的主要转口港）。哈拉尔的国土上有大量肥沃的平原，这使得他相对于他的对手具有某种优势。通过孤立、消灭当时挪威的一些小国，哈拉尔最终吞并或征服了乌普兰（Uppland）、德拉格（Trondelag）、纳乌姆德尔（Naumdale）、哈拉格兰（Halogaland）、马尔拉（Maera）和拉乌姆德尔（Raumsdale）。如果《埃吉尔萨迦》的说法可以相信，那么正是哈拉尔权力的崛起造成了很多北方维京人的流亡。在这个过程中，也有仍旧留在本土的"很多大人物"试图起兵反抗哈拉尔，以捍卫他们的领土独立。在进行这些活动时，他们得到了仍旧保持独立的罗格兰王国（Rogaland）萨尔基王（King Sulki）的支持。《格莱特萨迦》（*Grettir's Saga*）告诉我们，当时仍旧保持独立的少数王国之一的召德兰王国（Hjordaland）君主哲蒙德·斯瓦西斯金（Geirmund Swathyskin）由于身在海外，缺席了这场战争。结成反对哈拉尔的联盟的领袖人物包括"富人"克乔特维（Kjotvi the Wealthy）和"长下巴"道尔 [Thorir Longchin；系阿加迪尔（Agdir）的被废黜国王]。

虽然哈伏斯峡湾之战发生在海上，但这场战事并不是一场真正意义上的海上冲突。在战役进行过程中，投射性武器发挥的作用不大，战事主要围绕一系列登船作战展开。冲突双方都没有主动采用冲撞模式的古典海军战术。

参战军队的准确规模和构成现在已经不得而知，虽然冰岛的相关文献将这场战役描述成由哈拉尔王（King Harald）[1] 率领的规模最大的战役。配置在船头的是精选的维京武士，在更靠前的位置是更加精挑细选的熊皮战士。《埃吉尔萨迦》显示国王所拥有的熊皮战士数量为12人，在古代斯堪的纳维亚文学中，这种特异的战士集团只要出现，往往就是这个数量。

国王的作战意图是靠近"长下巴"道尔的座船，直接攻

[1] 中世纪丹麦、挪威、英格兰各国有多名叫作"哈拉尔"/"哈罗德"的君主，此应指历史第一位有名的哈拉尔王，丹麦的"蓝牙"哈拉尔，又称"哈拉尔一世"。——译者注

击反对自己的联盟军的两个领袖之一。哈拉尔王命令熊皮战士前进，这是一些连钢铁都咬的勇士，他们的冲锋自然无人能够抵抗。"长下巴"道尔随即被砍倒。他的追随者四处逃窜，哈拉尔王赢得了胜利。

如果去除掉这段在战役中占据关键地位的具有神秘色彩的战斗，我们看到的情况是一个中央集权的君主制国家能够供养、装备和维持一支专业化的、拥有被神化声名的军队。在战事的关键时间段，他们会被派出去对付一个其败亡将会导致敌对势力崩溃的特定目标。哈拉尔·哈法格雷的战术可能相对简单，但结果却影响了整个挪威历史的走向，并在很大程度上影响了此后维京武士的性质。

9—10世纪：英格兰的维京人

经过8世纪末期维京人对英格兰的最初攻击后，曾出现过一个相对和平的时期，但这一和平在大约40年后被粉碎。在公元835年，《盎格鲁-撒克逊编年史》记载说那一年"异教徒破坏了谢佩岛（Sheppey）"。此后，在该世纪的剩余时间里，在《盎格鲁-撒克逊编年史》中，几乎每一年都有维京人入侵这个国家的某个地区的记录。起初，这些远征只是在夏季发起的、寻求财物和奴隶的掠夺性突袭，并无进攻永久性居民区的企图。然而，850—851年，开始出现战略改变的迹象：《盎格鲁-撒克逊编年史》记载当年"异教徒历史上第一次在英格兰过冬"，扎营的地点在肯特郡的萨尼特

用于制作维京人头盔装饰板的铸模。上面跳舞的人物戴着一顶带角的
头盔，角的末端是鸟头形；他的伙伴则戴着狼头或者熊头状面具。
（Werner Forman/Universal Images Group/Getty Images）

岛（Isle of Thanet）。855—856年，维京人再一次在英格兰"停留了整个冬天"，这一次扎营的地点是谢佩岛；864—865年，维京人再一次在萨尼特岛过冬；而最终，在865—866年，"坐大船队而来的异教徒"从欧洲大陆[1]过来，在东英格兰过冬。这一次的情况是当时维京人必须在英格兰过冬。

乘坐"大船队"在865年抵达的领导者中，包括著名的丹麦国王朗纳尔·洛德布罗克的几个儿子。朗纳尔·洛德布罗克的绰号是"毛皮裤子"，原因是他喜欢穿自己妻子用动物毛皮做的裤子。此人在斯堪的纳维亚半岛被当成是一个真正维京人的模范。此时来到英格兰的朗纳尔·洛德布罗克的诸子包括"没骨头"伊瓦尔（Ivar the Boneless）、哈夫丹和乌比（Ubbi）或者胡巴。《朗纳尔萨迦》（*Ragnar's Saga*）称这些儿子们发动此次攻击纯粹是为了给他们的父亲复仇，在9世纪50年代他们的父亲可能死在了诺森布里亚王国的国王埃拉（Aella）手里。尽管事实上埃拉王在866年才即位，而朗纳尔可能是在爱尔兰被一个斯堪的纳维亚人国王杀死的，朗纳尔的儿子们还是在花了一年的时间在东英格兰地区抢劫和扩充军事力量之后，在867年年底攻打并占领了约克；下一年，他们擒获并在仪式上处死了埃拉王，随后蹂躏了诺森布里亚王国和麦西亚王国东部的大部分地区（868年）。869年，伊瓦尔率领部分维京人返回东英格兰，在那里他打败并俘虏了埃德蒙国王（King Edmund）。像埃拉

---

[1] 此大陆一般是指丹麦，因为当时丹麦的大部分国土在欧洲大陆。——译者注

一样，埃德蒙也被处死了。伊瓦尔随后消失在历史传说中（看起来，他也许转移到爱尔兰地区，征服了都柏林，可能在873年死在了那里）。哈夫丹代替伊瓦尔成为维京人"大军"的主要领导者，在历史记载的发生于871年的阿什当之战中，他在七个维京人统领中排名第一。其他六人（一个国王和五个贵族）均在撒克逊人所取得的这次著名胜利中被杀死。不过，英国人的胜利是短暂的：在贝辛（Basing）、米拉屯（Meretun）、雷丁（Reading）和威尔顿（Wilton），一系列失败接踵而来，最后威塞克斯王国的阿尔弗雷德王不得不主动求和。维京人这些胜利的取得，主要是因为有一支被称为"夏季军"的援兵从大陆过来支援哈夫丹，参与了在威尔顿的作战，打败了撒克逊人。

接下来的几年，维京人把精力集中于在被他们征服的英格兰东部和北部地区稳固势力。在876年和877年将这些地区分封给自己人之前，他们短暂地在诺森布里亚王国和麦西亚王国扶持过傀儡国王（麦西亚王国的最后一个撒克逊人国王在874年逃亡）。随后，哈夫丹步其兄伊瓦尔后尘，航海去爱尔兰，去为夺取都柏林王国做拼搏，后在斯特兰福特湾（Strangford Lough）之战中被挪威维京人打败并杀死。

这导致古特仑（Guthrum）成为丹麦维京军队在英格

下页图：突袭中的维京武士。他们的着装具有典型的9—10世纪特色，虽然中间人物所穿的连衣锁子甲在11世纪要更常见。（Artwork by Angus McBride, © Osprey Publishing）

兰的主要统帅。此人在871年成为夏季军（此时以剑桥为基地）的领导者，和他分享权力的还有奥斯基特尔（Oskytel）和安文德（Anwend）两个国王。878年，古特仑差一点儿就灭掉了最后一个独立的撒克逊人王国。《盎格鲁-撒克逊编年史》记载：

> 仲冬时分，侵略者秘密地出发了……他们骑马赶往威塞克斯王国，并占领了该国，除了阿尔弗雷德王，大部分居民被迫流亡海外，剩下的人大部分投降；在极端困难的情况下，阿尔弗雷德王和他的小部队穿过森林，进入通常无法通行的沼泽地带。

然而，由于阿尔弗雷德王仍旧保持着自由，维京人就无法在当地实施永久性的占领。阿尔弗雷德王先是在阿瑟尔尼（Athelney）他所建造的城堡打退了维京侵略者，在那之后不久，他又召集了萨默赛特郡、威尔特郡和汉普夏郡的人马，在埃丁顿（Edington）之战中打败了古特仑。由于这次战败，古特仑和其他维京领导者被迫归还人质，接受基督教，并离开了威塞克斯王国。

886年，另一支维京侵略军在英格兰登陆，但在富勒姆（Fulham）过冬后返回了大陆。可是，在892年，在经历了前一年被东法兰克国王阿尔努尔夫（Arnulf）打败之后，这支"大军"返回了英格兰。延续几年的间歇性战争扩充了阿

886年的和约

886年，阿尔弗雷德王和维京统帅古特仑签订了一份有点迟来的和平条约。这份条约实际上确立了包括东英格兰以及德比、莱斯特、林肯、诺丁汉和斯坦福"五个区"在内的丹麦人占领区的合法性，到11世纪以丹麦法管区为人所知。该地区内的丹麦人居住区时至今日仍能从地名所带的"thorpe"（村）、"thwaite"（草地）和"by"（农庄）字样识别出来。

尔弗雷德国王的王国面积；但是在896年夏季，"维京军队分散开来，有一些进入东英格兰，有一些进入诺森布里亚，那些没有财产的为自己搞来船只，朝南过海去了塞纳河流域"。事实上，最后一批航海离开的船队只有5艘船，因此整个群体最多不超过350~400人。这一情况使得一些现代权威人士认定当时所谓的维京"大军"可能总共仅有1000人；有些研究者甚至认为可能只有500人。

尽管"大军"已经撤退，但在东英格兰和诺森布里亚留下来定居的维京人仍旧经海路和陆路骚扰着威塞克斯王国。然而，阿尔弗雷德在899年去世时，已经留给他的继任者一个强大的、组织良好的军事机构，无论在陆地还是在海上都是如此。借助这个军事机构，"长者"爱德华（Edward the Elder，899—925）和阿瑟尔斯坦（Athelstan，925—940）得以征服丹麦法管区。诺森布里亚地区抵抗得更久一些，部分是因为该地区有一波新来的维京入侵者融入。这些古代斯堪的纳维亚人来自爱尔兰，919年，他们劫掠了丹麦人统治的约克，在那里建立起为斯堪的纳维亚人和诺森布里亚撒克逊人接受的自己的王国。曾经，他们也统治过爱尔兰的古斯堪的纳维亚人定居区和所谓的"五个区"。尽管如此，约克的罗格瓦尔德国王（King Rognvald）还是早在

对页图：布鲁南堡之战的场面。图中分别采用猪阵对抗的两军的盾墙开始交锋。两支以长矛和其他次要武器武装的小队武士试图把他们的对手打退或者杀死，并切入敌人的阵中。（Artwork by Gerry Embleton, © Osprey Publishing）

920年就承认了南撒克逊的宗主权，西哈特利克国王（King Sihtric）则是在926年；927年，阿瑟尔斯坦进军约克，驱逐了西哈特利克的儿子、王位继任者奥拉夫，以及他的兄弟古斯弗里斯（Guthfrith）——奥拉夫的顾问和摄政者古斯弗里斯（Guthfrith）。然而，古斯弗里斯自己的儿子，另外一个也叫奥拉夫的人，在939年年底重新夺取了约克，并在次年根据条约接管了"五个区"。继承他约克王位的是他的堂兄弟奥拉夫·西哈特利克松（Olaf Sihtricsson；927年的被放逐者）。奥拉夫·西哈特利克松精力不太旺盛，从他手里，南撒克逊王国在942年借助一场战役夺回了"五个区"，944年，奥拉夫被流放。

在949—952年，奥拉夫至少进行过一次反攻，但作为最后的维京王，那些有点不太可靠的荣耀无疑属于挪威"金发"哈拉尔（Harald Fairhair）国王的一个儿子，著名的"血斧"埃里克（Erik Bloodaxe）。此人被描述成"所有维京人中最有名的一个"。在947—948年和952—954年，"血斧"埃里克曾两度统治过诺森布里亚王国。《盎格鲁-撒克逊编年史》简单地记载，在954年"诺森布里亚人赶走了埃里克"，英格兰的爱德瑞德国王（King Eadred）随即接任了该国王位；而后来的冰岛萨迦，根据一部现在已经失传的诺森布里亚编年史提供的信息，详细地解释了事情的经过。据说，埃里克国王在一个叫作斯特恩摩尔（Stainmore）[1] 的地

---

[1] 此地区位于坎布里亚郡（Cumbria）、达勒姆郡（County Durham）和北约克郡（North Yorkshire）边界的本宁山脉（Pennines）间。——译者注

方遭遇到"埃德蒙国王的一个属国国王奥拉夫"的攻击：

> （奥拉夫国王）召集了数目庞大的人马，率领
> 他们去攻击埃里克国王。一场可怕的战争发生了，
> 在战争中很多英国人倒了下去；但每倒下去一个
> 人，就会有三个人从这个国家赶过来，当夜幕降临
> 时，已经有很多人过来反对维京人，许多维京人被
> 杀死了。到这一天结束时，埃里克国王和其他五个
> 追随他的国王都战死了。

一本年代更晚的英格兰编年史认为埃里克实际上是被
奥拉夫国王的儿子马库斯，而不是奥拉夫本人所打败和杀死
的。考虑到奥拉夫国王的军队由英国人构成，情况可能是萨
迦中所说的奥拉夫实际上是奥斯武夫（Oswulf）的误传。奥
斯武夫是班堡（Bamburgh）的撒克逊人伯爵。

无论如何，埃里克是死了，约克的维京人王国从此结
束。"从那以后一直到现在，"英国僧侣编年史家沃灵福德
的约翰（John of Wallingford）写道，"诺森布里亚人一直为
没有自己的国王和丧失他们曾经拥有的自由感到痛心。"

约937年：布鲁南堡之战

在中世纪早期的统治观念中，领导人应该以各种财宝慷
慨赏赐忠实追随者。随着贡赋经济改变为以银币为基础的形
态，佣兵阶层似乎已经出现。埃吉尔·斯卡德拉格里姆松参

对页图：见于瑞典厄兰岛上的11世纪北欧古文字纪念石碑。通常，竖立类似这样的北欧古文字石碑是为了纪念死者。（Dea /M. Seemuller/ DeAgostini/Getty Images）

与布鲁南堡（Brunanburh）之战[1]的故事反映出这种变化所造成的几方面后果。

　　虽然威塞克斯王国的国王们建立起了对于低地国家的统治权威，不列颠的周边地区仍旧没有放弃独立的希望。广泛的反英格兰联盟已经形成了包括几个较小国王的奇怪政治搭档，他们的领土环绕爱尔兰海。其中包括都柏林王奥拉夫，此人系维京人和凯尔特人的混血后裔，根据《埃吉尔萨迦》的说法，他是反英格兰同盟的主要推动者。当同盟看来已经侵入诺森布里亚王国时，阿瑟尔斯坦和北方诸王在927年达成的协议遭到了破坏。同盟侵入撒克逊领土的程度今天已经无法得知。诺森布里亚伯爵古德莱克（Gudrek）和奥尔夫吉尔（Alfgeir）联军战败后，开始出现某种形式的针对阿瑟尔斯坦王国北部的侵扰。为解决这个问题，阿瑟尔斯坦向同盟发出了一份挑战书，要求在一个确定的地区通过战争的形式确定由谁来统治不列颠。在收到这样的挑战后，按照维京人的传统，继续进行劫掠就会被当成是可耻的行为。

　　在进军北方的准备过程中，阿瑟尔斯坦即派人去西北欧地区招募雇佣兵。埃吉尔·斯卡德拉格里姆松和他的兄弟

[1] 此次战役的具体位置到现代已经无法确定，一说发生在一个叫布鲁南堡的地方，一说发生于一片叫温西斯（Vinheath）的荒原上，所以又称温西斯之战。——译者注

10世纪的来自丹麦的臂圈。（Werner Forman/Universal Images Group/ Getty Images）

索罗夫（Thorolf）被国王挑选出来作为整个雇佣兵部队的适合的将军。根据《埃吉尔萨迦》，为了履行跟国王的合约，他们奔赴战斗最激烈的区域，但在那里，索罗夫和他的部下为撒克逊人伯爵奥尔夫吉尔所抛弃。尽管如此，索罗夫仍旧奋力冲出了包围，并在战斗中砍倒了斯特拉斯克莱德（Strathclyde）的英格兰人将军贺林（Hring）。同盟军仍未放弃抵抗，在一个战斗的间歇，战斗中的阿瑟尔斯坦亲自向埃吉尔·斯卡德拉格里姆松表示了感谢。从不信任任何国王的该萨迦对此十分确定。阿瑟尔斯坦坚持错误的部队部署，导致了索罗夫的战死，索罗夫是在斯特拉斯克莱德人从树林后发动的一场突然袭击中被砍死的。

索罗夫部下中的幸存者被逼退，但随即为出现在他们的队列中的埃吉尔所激励，他们团结起来，开始反击，将斯特拉斯克莱德人的小分队击退。在这个过程中，当时斯特拉斯克莱德的英格兰人统领奥主斯（Adils）被杀。斯特拉斯克莱德人统领的死亡导致了他们的溃退，由领导者和部属之间的不同关系所决定的战斗成员的品质在这一刻表露无遗。奥主斯的死导致斯特拉斯克莱德人放弃了战斗，而索罗夫的部队具备的职业精神使得他们能够恰当地应付意外战败的情况。

萨迦作者描写的布鲁南堡之战的最后一幕是发生在埃吉尔和阿瑟尔斯坦国王之间的冲突。索罗夫对国王的信任导致他的战死，埃吉尔现在寻求国王给他的家族以赔偿。经历过一番在死尸堆中的寻找，埃吉尔找到了他的兄弟的尸体，并按应有的礼仪把兄弟埋葬在战场上。然后，他返回国王的大营，那里当时正在举行庆功宴。根据萨迦所写，阿瑟尔斯坦安排埃吉尔坐在一个尊贵的位置，但这对于斯卡拉格里姆的儿子来说（"斯卡拉格里姆松"即"斯卡拉格里姆之子"的意思）显然是不够的。他全副武装地坐在那里，满面怒气。最终，国王为了对死去的武士表示尊重和认同，赐给死者一个金臂圈（具有象征意义地用剑尖送过去），埃吉尔这才脱掉盔甲，真正加入宴席。

991年：莫尔登之战

最伟大的古代英格兰人战争史诗是一篇没有标题的有关埃塞克斯郡长拜赫特诺斯（Byhrtnoth）之死的诗篇。这是流传下来的有关莫尔登之战（the battle of Maldon）的主要文献。莫尔登之战决定了撒克逊人王国的命运，它所引发的一系列连锁事件最终导致了威塞克斯王朝的覆灭。

到10世纪末，斯堪的纳维亚人侵略军已经有一百多年无法在英格兰打赢任何一场战争。丹麦法管区的独立为一系列具有影响力的战役所破坏，一系列城堡网络在当地被建立起来，以确保其受中央区域的控制。925年，有一支维京联军试图打破撒克逊人在埃塞克斯的统治，战事主要集中在莫尔登城堡的围城战上。援军的抵达阻止了该城镇的陷落，重整旗鼓的撒克逊军的前线向北深入到约克王国境内，在那里古代斯堪的纳维亚人的渗透更加充分。到第二次莫尔登之战发生的那一年，撒克逊人已经完全控制了英格兰的低地地区。威塞克斯王国此时被分成几个次一级的统治区，每一个由一位郡长治理。其中一个郡长就是拜赫特诺斯，他出身贵族家庭，最初曾担任过东英格兰的郡长，但后来在年纪较大时被调整到位置不太重要的埃塞克斯。

10世纪80年代，维京入侵者再次出现在英格兰海岸。这一波维京人侵略军不是由被流放的古代斯堪的纳维亚贵族或从人多地少的斯堪的纳维亚半岛来的缺少土地的人所领导。他们是一群人员复杂的掠夺者，目标是迅速地获得大量银钱。当时，中亚银矿的枯竭已经导致了俄国贸易路线的崩溃，他们迫切需要引入一种新的财富资源以维持维京势力圈的运行。

991年夏天重新出现在英格兰东部的维京人突袭与从前几个世纪里出现的小范围的劫掠事件有所不同。像伊普斯威奇（Ipswich）这样的主要城市开始成为劫掠大军能够吞得下的目标。据说，在莫尔登的维京人乘坐着一支包括93艘船的舰队，但入侵军队的准确规模并不能从这推断出来，因为我们不知道舰队所属船员的数量。估计聚集到这个地区的维京战士应该有几千人。

拜赫特诺斯领导的防卫军包括他自己的私人卫队在内，其规模可能很大，因为这位郡长的职业生涯已经持续了很久，而且很成功，他的声望很高，足以吸引很多人在签订协议以后为他作战。在当地还可征调很大数量的英国民兵。莫尔登是一个非常重要的地区性中心，那里有一家王室造币厂。在维京人的威胁到来前，整个埃塞克斯地区本来已经被动员起来，但民兵的训练和士气程度不一，通常训练较差，

对页图：泰晤士河伦敦桥附近出土的840—1020年的维京人战斧和矛。这些武器可能是在一场战斗之后被遗留下来的，或者也可能是作为献祭给神灵的祭品被丢到河里的。（Museum of London/Heritage Images/Getty Images）

士气低落。事实证明，缺乏专业的作战技能和献身精神导致的后果将是灾难性的。

在劫掠过伊普斯威奇后，维京人绕过腾德灵半岛（Tendring peninsula），进入黑水河（Blackwater）湾。在挪塞岛（Northey），按照流传已久的维京传统，他们在敌人的海岸上建立起防卫工事，虽然莫尔登的城堡驻军对此表现出轻视或者无视的态度。当拜赫特诺斯率军抵达挪塞岛潮汐堤坝面向内地的一侧时，他们始终坚守不出。

堤坝的防守

在战争史诗中，有关堤坝的防守，我们看到的是对于一场中世纪早期战争的文学性表述。维京人的统领派出一个信使去见拜赫特诺斯提出自己的要求，概括而言就是威胁不给钱就动手。郡长言辞激烈地予以了回绝，理由包括了对王室的忠诚［当时的国王是埃塞尔雷德（King Ethelred）］、民族的自豪感和个人对软弱妥协的弃绝，这一反应导致维京人做出了最糟糕的事情。在拒绝了勒索后，拜赫特诺斯即命令他的部队分为三队，进行孤注一掷的决战。第一队为投射武器部队，受命涉过分隔内地和挪塞岛的潮汐性溪流，支援防守堤坝入口的三位战士。以今人的逻辑来看，这种字面上的描述很难被接受，诗人的想法可能受到了诸如"桥上的贺拉斯[1]"这样的古典故事的影响。如果我们试图将这段描述理性化，真实的情况可能是有三个撒克逊人英雄指挥官指挥着他们的从属性的小部队负责防守一个重要地点。

在狭窄的大陆桥地带，维京人试图突破撒克逊人防守的努力失败了。"异教徒"再次派出信使，要求接下来应该在内地进行战争。对于拜赫特诺斯同意维京人要求的做法，诗人批评其过于鲁莽。郡长的本意是引导"异教徒"去一个更方便的地点，以让双方继续进行战争。英格兰人感到自己的压力越来越大，他们的士气开始变得低落。拜赫特诺斯错误地将自己的马借给一个叫哥德里克（Godric）的人在一次骑兵冲锋中骑乘，结果造成了灾难性的后果。哥德里克骑上拜赫特诺斯的马后逃跑了。埃塞克斯民兵误把哥德里克当成了郡长本人，也跟着逃跑了。

成为孤军的卫队只好任由维京人摆布，而我们看到最高指挥官再次发布了全力进攻的命令。拜赫特诺斯在战斗中被一支标枪刺死。

为了避免出现类似莫尔登之战一样的战败状况，埃塞尔雷德国王不得不一再提高送给斯堪的纳维亚人的金钱数量，以应对遍及整个10世纪晚期的维京人攻击潮。这些献金资助了11世纪早期丹麦诸王针对他国的侵略活动。在这个时期，开始出现建立在对于本土武士团军事影响力基础上的盎格

---

[1] 贺拉斯（Horatius）：古罗马共和国军官，曾在与外敌作战过程中奋勇守卫一座重要的桥梁，因此而闻名。——译者注

鲁-维京精英武士群体。其中典型如哈罗德·葛温森的王室战斧骑兵,他们参加了黑斯廷斯之战,并在该场战役中最终战死。

爱尔兰的维京人

维京人侵扰爱尔兰的最早记录可追溯到795年,当时瑞奇瑞恩岛(Reachrainn)为维京人所劫掠,该岛西部海岸的两所修道院被抢劫一空。这种劫掠在830年以后变得愈加频繁;针对爱尔兰地区的维京殖民则开始于840年。都柏林城大约就是在这个时期建立起来的,当时维京人在利菲河(River Liffey)岸的一个码头上建立起一个城堡,841—842年,维京人第一次在那里过冬。除了902—919年这个短暂的阶段,都柏林成为维京人在爱尔兰自己任命的国王的驻扎地点。

定居在爱尔兰的一个不可避免的结果是,维京人居民(主要为斯堪的纳维亚人)很快发现自己被卷入了不稳定的爱尔兰政治。在爱尔兰,那些更小的国家的小国王们几乎总是不断地彼此征战。因此,在9世纪以后,维京人和爱尔兰人之间结盟是很常见的。都柏林的维京人甚至成了伦斯特王国(Leinster)诸王的传统盟友。事实上,正是前述这一同盟在1014年造成了维京人和爱尔兰人历史上最著名的战役。当时都柏林国王支持伦斯特王米尔冒德哈(Máelmórdha)起兵叛乱,反对他的更高一级的君主布莱恩·波鲁(Brian

对页图：10—11世纪，维京时代晚期的维京武士。在这个历史时期，在维京人的城邦里，自由民武士已经不再是独立的人物，其身份已经借助财富、权力和家世合法化。此时他成了王权的代表。（Artwork by Gerry Embleton, © Osprey Publishing）

Boru）。

1014年：克隆塔夫之战

布莱恩·波鲁是一个精力充沛、野心勃勃的君主，他是中世纪时期少数高等级国王之一，有完全正当的理由成为爱尔兰国王，而且不仅仅是名义上的。但他所取得的这个成就并不会让当时这个国家众多凶恶的独立小君主们感到高兴。在10世纪末期，999年还剩最后几个月的时候，伦斯特的米尔冒德哈国王和都柏林的"银胡子"西格特瑞格（Sigtrygg Silkybeard）起兵反对布莱恩国王。他们的联军在格伦·玛码（Glenn Máma）[1] 遭遇惨败，米尔冒德哈藏在一棵杉树上才躲过一劫。虽然他和西格特瑞格在事后被胜利者宽恕，从而恢复了王位，但这一败绩对于他们来说始终是一种耻辱。根据历史记载，双方的战事在1012年被布莱恩头脑发热的儿子莫卡德（Murchad）不明智地重新开启。传说，莫卡德在玩象棋游戏时因米尔冒德哈给对手出主意而被打败，就辱骂伦斯特王，说他的建议并不总是有用："在格伦·玛码维京人被我们打得头昏眼花那天，你给他们出的主意有多棒！"

---

[1] 具体位置可能在靠近爱尔兰阿德克拉克斯（Ardclough）的里昂山（Lyons Hill）附近。——译者注

由于深深地感到被冒犯，米尔冒德哈回应说："我还会给他们提建议，但这一次结果会大不相同。"对此，莫卡德反击说："那你可一定要准备好杉树！"

米尔冒德哈怒气冲冲地离开了布莱恩的宫廷，召集他的臣属，在北方的诸王中挑动叛乱；1013年，战事在几处地方爆发。莫卡德很快就逼得米尔冒德哈不得不逃跑。当年夏末，米尔冒德哈被迫和西格特瑞格一起进入都柏林的城堡避难。在那里，他们被莫卡德和布莱恩的大军一直围困到圣诞节，此时，布莱恩属下的芒斯特（Munster）军队离开了营地，返回家乡过冬。这个出人意料的情况让西格特瑞格尽可能地获得了喘息之机。他乘船向北，航海去维京人控制的西方群岛诸国的宫廷中寻求盟友。根据《恩斯科伦编年史》（Annals of Innisfallen），他后来从整个西方世界的"外国人"那里借到了援军，根据各种记录的说法，维京人援军分别来自赫布里底群岛（Hebrides）、开斯纳斯（Caithness）、琴泰半岛（Kintyre）和法国（不太可能）、弗兰德斯、弗里西亚，甚至俄罗斯。1014年春，所有部队聚集到都柏林城外。快到四月底时，布莱恩国王率领一支征发自芒斯特、米德（Mide；位于英格兰中部地区）和南部的康诺特（Connacht）的大约两万人的军队来迎击他们。4月23日，那是一个不幸的日子，双方做好了在克隆塔夫（Clontarf）的平原进行作战的准备。

各种不同的人均试图调整两军的部署，但很少有人能提出令人信服的方案。然而，后世的研究者认为，维京人和他

11世纪在爱尔兰铸造的维京钱币，见于英国博物馆馆藏。（Fine Art Images/ Heritage Images/Getty Images）

们的伦斯特人盟军分为五队或者七队，兵力被部署得过于分散。他们之所以这样做是为了在保卫通过利菲河上的桥进入都柏林城的撤退路线的同时，还能保卫另一翼的外来维京人停泊在都柏林湾里的船只。《纳加尔萨迦》（ *Njal's Saga* ）认为，布劳德尔（Brodir）[1] 所部位于军阵一翼，西格特瑞格国王领人部署在河岸另一翼，西格德伯爵所部位于中军。尽管米尔冒德哈的伦斯特人在数目上应该至少有维京人的两倍，萨迦中却并未提到米尔冒德哈和伦斯特人的部署位置。将西格特瑞格说成是参战的人物，也是一个错误。整场战役期间，他都待在都柏林，在这场战役中代替他指挥部队的是他的兄弟都柏哈高尔（Dubhgall）。为了保护自己的船只，在西格德和布劳德尔指挥下的外来维京人很可能主要集中在河的左翼，守桥的都柏林人位于右翼，米尔冒德哈居高临下负责指挥战阵中央区域的部队。布莱恩军队的部署问题更大。我们知道，该军右侧靠着利菲河，左侧是跟利菲河平行的托儿卡河（River Tolka），因此左右两翼都是安全的，《纳加尔萨迦》称，这位大国王当时已经有73岁，"不希望在耶稣受难节舞刀弄枪，所以在他的周围设置了一道盾墙，然后将部队部署在盾墙前面"。莫卡德因此成了实际上的指挥官，陪他在一起的有他的堂兄弟科纳宁（Conaing）和15岁的儿子托德尔巴奇（Toirdelbach）。

"两军交锋，必有一场恶战。"《纳加尔萨迦》描述

---

[1] 11世纪丹麦人，活动于马恩岛（the Isle of Man）和爱尔兰，根据《纳加尔萨迦》，是布劳德尔在克隆塔夫之战中杀死了大国王波鲁。——译者注

戴着一顶有装饰性图案的圆锥形头盔的11世纪麋鹿角材质雕刻头像，见于锡格蒂纳。（Ann Ronan Pictures/Print Collector/Getty Images）

道。在战场的中心，米尔冒德哈率领骑兵猛烈地冲锋，深入莫卡德军的阵列深处，但侧翼的维京盟友进展不太顺利。经过一番恶战，莫卡德军的数量优势开始显现出来。伦斯特人由于孤军深入，缺乏支援，被赶了回去，陷入混乱，维京人盟友也是这个情况。都柏林人朝城内败退，敌人在后面紧紧追杀，据说只有20人活着跑到城堡，而据另外一个版本的说法是只有9人。与此同时，左翼的维京人反败为胜，伦斯特人遂向左翼的维京人靠拢；但他们这时实际上陷入了莫卡德手下凶恶的芒斯特人的包围圈。他们别无选择，只能退往大海方向。在那里，他们逃脱的希望也很小，当时大浪已经把维京人的船冲离了岸边，只有最擅长游泳的好手才可能爬到船上去。

绝望中，有一些维京人实际上开始朝莫卡德的部队反冲锋，布劳德尔就在这些人中间，而且冲到了爱尔兰人战线后方大国王布莱恩扎营的地方。可惜，大国王的卫队很快就包围了他们，将他们俘虏并处死了。

根据《爱尔兰人和外国人的战争》（*The War of the Gaedhil with the Gaill*）一书的记载，维京—伦斯特人盟军损失了2500名维京人和3100名爱尔兰人——共计5600人。其他记录记载总共阵亡了6000人，或6000名"外国人"；最可信的估测见于《编年史》（*Leabhar Oiris*）一书，该书声称此战有6700名维京人和1100名爱尔兰伦斯特人战死。此外，他们所有的领袖人物都在这场战争中被杀了。尽管如此，对于胜利者来说，这也是一场得不偿失的胜利——不仅大国王本人战死，他的儿子莫卡德、他的孙子托德尔巴奇、他的侄子科纳宁也战死了。在这场战争中，至少还有其他七名国王和1600名贵族被杀。

尽管在很多方面都很重要，但克隆塔夫之战并不像我们经常被告诉的那样具有决定性作用。它并不意味着斯堪的纳维亚人势力在爱尔兰的终结，尽管他们的势力确实在10世纪中期即已经开始遭到削弱，西格特瑞格国王在此战后仍旧不受影响地继续统治了都柏林20年。不过，除了偶尔的海盗袭击，外国斯堪的纳维亚军队再次在爱尔兰本土作战则要等到一个半世纪以后。

东方的维京人

尽管至少从7世纪开始，维京人已经在波罗的海东部地区进行贸易，但最早的东方海盗袭击记录出现在相对较晚的852年，当时瑞典海盗来到诺夫哥罗德，向该城的市民勒索了一笔巨大的赎金。此后维京人在东方——通常主要是瑞典人——往往是移民和商人而不是海盗；不过他们很快建立起对本地斯拉夫人的统治。斯拉夫人称他们为"罗斯人"（Rus；俄罗斯——"Russia"——即起源于这一名词）。

拜占庭手稿《马德里的斯基利茨》（*Madrid Skylitzes*）中由法兰克人、俄罗斯人、德国人和维京人组成的皇帝的卫队。（Werner Forman/Universal Images Group/Getty Images）

προσχικαιτ με αυτου πραςοΒομ εχ ιερ...
εμ πρ δαπολεςφοροιταπτο ενιλαχ δοα
θεσι παραχμπτομ μενος

ὅ ἰΝΒΛ   ὁ ὁ
              χρμΝη

ἰα α̅ σ̅· αϊπτεκαδηοσοολαωο
μ̅τοροσ·θ̅εϊομμαδϊ·ϊαοτϊομβδου
ὁ β̅ ϊ̅ θεόφϊλ

到858年，他们已经在基辅站稳脚跟，在那里，通过沿第聂伯河顺流而下，跨越黑海，他们发动了一次针对君士坦丁堡（他们称之为"Miklagäard"，意为"大城"）的大胆进攻，但结果并不成功。进一步针对拜占庭帝国的重大战役发生在907年、941年和944年，当时东方维京人已经开始被他们的斯拉夫被统治者所同化，因此很难再将他们看成真正的维京人。

尽管如此，真正的东方维京人，也就是罗斯人，阿拉伯人和拜占庭人的类似叫法是"瓦兰吉人"（Varangians），仍旧继续在俄罗斯的历史上发挥独特的作用，后续的基辅和诺夫哥罗德王公雇佣了相当大规模的维京人作为卫队。这一做法一直持续到11世纪，俄语文献中最后一次提到维京卫队是在1043年。许多这样的维京人在俄罗斯待了一段时间后继续前往君士坦丁堡，加入了拜占庭军队，据记载早在911年，即有700名维京人在拜占庭做雇佣兵。此后，维京人在拜占庭文献中开始被频繁提及：935年，有415名来自俄罗斯的维京人乘7艘船随拜占庭人远征意大利；949年，有629人乘6艘船只参与类似的远征克里特岛的航行；据记载，罗斯人或维京人部队在955年曾与阿拉伯人作战，参加968年在西西里发生的战役。二十年后，在988年，基辅大公派遣了多达6000名的维京人去支援巴西尔二世皇帝（Emperor Basil II），后来皇帝从中选拔精锐组建了著名的瓦兰吉卫队（Varangian Guard），作为拜占庭皇帝的私人护卫。

11世纪：英格兰的维京人

当维京人的势力开始在爱尔兰、东方逐渐削弱之际，维京人在英格兰的势力出现了出人意料的复兴。这种现象发生在978年软弱、优柔寡断且"刚愎自用的"埃塞尔雷德国王继位后，后人的记忆中，这位国王被称为"仓促王"埃塞尔雷德（Ethelred the Unready）。海盗的袭击在980年开始重新出现，其规模和严重程度在接下来的30年间逐步增大；领导无方的英格兰国家军事机构在984—1014年的丹麦"八字胡"斯维因国王筹谋的系统化打击下逐步削弱、崩溃。最终，1013年，诺森布里亚和东英格兰承认斯维因为他们的统治者，由此造成了英格兰维京人国王世系的出现。其中的维京人国王包括斯维因（1013—1014年在位），他的儿子克努特（1016—1035年在位），以及克努特自己的儿子"捷足"哈拉尔（Harald Harefoot，1035—1040年在位）和哈斯克努特（1040—1042年在位）。虽然该世系到哈斯克努特结束了，但后来挪威国王哈拉尔·西格德松（Harald Sigurdsson）又声称拥有继承英格兰王位的权利。哈拉尔·西格德松的继承权来自侄子丹麦和挪威王"好人"马格努斯。

下页图：全身披挂盔甲的维京骑兵，见于挪威巴尔迪肖尔教堂（Baldishol Church）的一幅12世纪挂毯。注意骑士所持的风筝形的盾牌和带有鼻卫的头盔。在西方诸民族的影响下，当时维京人的装备和服饰已经发生了深刻的变化。（CM Dixon/Print Collector/Getty Images）

1066年：富尔福德之战

哈拉尔·西格德松在死后获得了"无情的"哈拉尔的绰号，一生从事过多种职业，历经成功与失败，是众多维京海盗首领中的一个典型人物。1066年，当他51岁时，英格兰哈罗德·葛温森国王的兄弟、流亡的诺森布里亚伯爵托斯蒂格来到挪威寻求军事上的援助，以重新夺回失去的伯国。从11世纪50年代开始，"无情的"哈拉尔就已经有夺取英格兰王位的想法，此时需要的只是托斯蒂格的一点鼓励。一支庞大的舰队汇集到了挪威南部海岸。《盎格鲁-撒克逊编年史》认为该舰队有300艘船只，搭载了一支"庞大的海盗军团"。根据现代研究者的看法，这支部队至少有9000~10000人。舰队中包括托斯蒂格伯爵自己从奥克尼地区带来的12艘船只，搭载的成员有伯爵的私人部队和佛兰德（Flemish）海盗；他们一路朝亨伯河（Humber）河口而去，沿途劫掠，然后溯河流而上，在经历了一番远航后，抵达距离约克十多英里的瑞卡尔（Riccall）。在这里，维京人下船去迎击从约克赶过来的撒克逊人军队，这支军队的统帅是诺森布里亚的默克尔伯爵（Earl Morkere）和麦西亚的埃德温伯爵（Earl Edwin）。《哈拉尔王萨迦》（*King Harald's Saga*）是这样描述这场战斗的：

> 哈拉尔国王登陆后聚集起他的军队。大军的一翼靠河，另一翼沿着一条沟渠朝内陆方向延伸。

沟渠旁边是一片深而宽阔的充满了水的沼泽地。伯爵们指挥着他们的军队以密集的队形沿河岸前进。哈拉尔国王的旗帜竖立在靠河的地方，在那里他的部队配置得最密集；沿着沟渠配置的人马队形最稀疏，最不可靠的人被派去了那里。当伯爵们的部队沿沟渠前进时，那里的维京人退了下来，英格兰人以为维京人要逃跑，就在前锋默克尔伯爵的旗帜引导下开始追击。

当哈拉尔国王看到英格兰人的军阵沿着沟渠向地形较低的方向进军，而且前进到他的对面时，他发出了进攻的命令，催促他的人开始冲锋。哈拉尔下令旗手将他的被称为"兰德威斯特"（Landwaster）的战旗扛到自己前面，随即开始了一场血腥屠杀，敢于拦路者无不披靡。英格兰的两位伯爵的人马遭受到巨大的损失，两部分军队很快就在战斗中陷入了崩溃，有些人沿河向上游方向逃窜，另外一些朝下游方向跑，但大多数逃进了沼泽。那里到处都是他们的尸体，维京人踩着死者的尸体追杀进去，连鞋子都没湿。

富尔福德（Fulford）之战[1] 就这样结束了，事情发生在当年9月20日星期三。约克人没有对维京人展开进一步的抵

---

[1] 这次战役之所以被称为"富尔福德之战"是因为战场位于一个叫作"富尔福德"的小村外。——译者注

这一骑士像是著名的12世纪刘易斯岛棋子（Lewis chessmen）中的一个。这个维京武士形象跟当时其他任何西欧民族集团先锋部队的战士相比几乎已经很难区别。（CM Dixon/Print Collector/Getty Images）

抗，他们开始跟哈拉尔谈判，同意接受他当英格兰国王并送交人质。

1066年：斯坦福桥之战

跟随哈拉尔本人到斯坦福桥的人马装备很不充分。《哈拉尔王萨迦》描述当时的情况说，由于当时阳光充足，天气很热，"他们就把护甲留在船上，只带着盾牌、长矛和头盔，腰挎长剑就上了岸"。在接下来的一天，当他们看到朝他们走过来的不是人质，而是"一支朝他们挺进的大军"时，肯定是非常震惊的。来的是另外一支撒克逊人军队，这一次领头的是哈拉尔·葛温森国王本人。这支队伍中包括著名的英格兰战斧骑兵。萨迦中说道，为了最后一次尝试挽救他不忠诚的兄弟，哈拉尔·葛温森提出谈判，如果托斯蒂格愿意加入自己一方，他愿意将三分之一的王国交给托斯蒂格。托斯蒂格随即询问"无情的"哈拉尔将从此次劳师远袭中获得何种补偿时，哈拉尔·葛温森给出了现今已经非常有名的答复："七英尺长的土地，考虑到他比其他人高一点，也可以多给一点。"（意思是可以给"无情者"哈拉尔七英尺长的地方埋骨。）

斯诺里·斯特尔卢松在《哈拉尔王萨迦》中对接下来的战事进行了描述，这是我们今天所能见到的唯一的对这次战事的详细描述。该萨迦的记述唯一值得怀疑之处是其所记载的几处数字，尤其是该萨迦作者显然将这次战役的某几个方面情况跟黑斯廷斯之战的情况弄混了。不过，看起来英格兰人军队出现时，维京人可能恰好分散到了德文特河（River Derwent）的两边。如果是这样，《盎格鲁-撒克逊编年史》记录的此次战役中发生的著名插曲就得到了解释。当时，"有一名维京人坚守斯坦福桥，使（进军的）英格兰人无法过桥，也无法获得胜利。一名英格兰人用箭射中了桥上的维京人，但并没有用，另外一个人设法钻到了桥下，（透过桥上的缝隙）用长矛刺中了维京人锁子甲下面的位置"。然而，这一耽搁已经足够让数量占劣势的维京人将他们的主力在远处的河岸上集结起来，排成一个长矛林立、"用盾牌护住前方和上方的圆阵"，以抵抗大量涌上来围攻他们的英格兰人。根据萨迦的说法，"无情者"哈拉尔"冲在他的手下前面，怒吼一声，双手抢斧，杀入敌阵，无论头盔还是锁子甲都被他劈得粉碎……但最后哈拉尔国王的咽喉上中了一箭，这成了他的致命伤。国王倒在了地上，所有跟着他一起冲锋的维京人也都战死了，除了那些为了保护国王的战旗而撤退的人"。

托斯蒂格伯爵随即接过了指挥权，哈罗德·葛温森要求幸存的维京人投降，但维京人大喊着说他们宁愿去死。萨迦继续描写道：

在这个时候，艾斯特恩·奥利（Eystein Orri）带着他的手下从停船的地方赶了过来，他们都披挂着盔甲。艾斯特恩接过了哈拉尔国王的战旗"兰德威斯特"，战斗第三次重新开始，激烈的情况比此前更甚。大量的英格兰人倒了下去，再一次陷入溃散的境地。这一阶段的战事被称为"奥利旋风"。艾斯特恩和他的手下是从停船的地方跑到这里的（在那里他们从哈拉尔国王派出的骑马的信使那里得到了战斗即将打响的消息），他们跑得太急，以至于精疲力尽，在抵达战场的时候几乎已经无法进行战斗，但他们随即怒吼着投入了战斗，只要还能站立，他们甚至都不用盾牌保护自己。后来，他们甚至丢掉了自己的锁子甲，这给英格兰弓箭手的射击创造了机会；但是也有一些人倒下是因为精疲力尽，身上并没有太多的伤。几乎所有参战的重要维京头领都在那场战事中被杀。

《盎格鲁-撒克逊编年史》述称，北欧人被一路追杀回他们的船只旁。少数幸存者获许乘坐仅有的24艘船只航海归国，在他们的身后，留下的是漂浮着维京人死尸的海洋。

虽然直到1151年，仍有来自维京人的针对英格兰的偶然袭击的记录，而且即使在那以后，从奥克尼群岛到西方群岛海域，始终有斯堪的纳维亚海盗的出没，但人们通常将1066年作为维京海盗时代结束的标志，往往给"无情者"哈拉尔

下页图：彼得·尼古拉伊·艾堡（Peter Nicholai Arbo）所绘的表现斯坦福桥之战的绘画（1870年），按照19世纪人们的理解对此战给出了解释。（Private Collection/Photo © O. Vaering/Bridgeman Images）

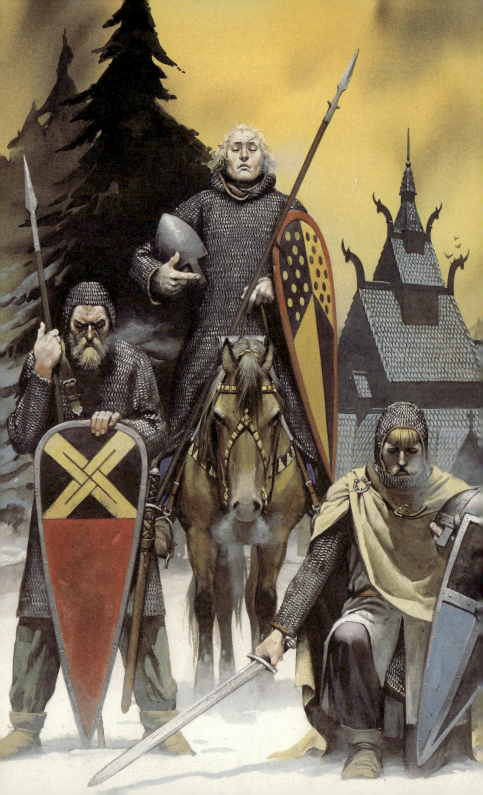

冠以"最后的维京王"的称号，其原因显而易见。哈拉尔国王是维京时代的最后一位伟大的冒险家。漫长的维京时代从将近300年前开始，现在终于落幕。

北美洲的维京人

不到两个世纪前，人们就维京人在中世纪曾经到达过冰岛甚至格陵兰的说法达成一致意见，但对于维京人所做的其他冒险的事情却并不确定。现代人有关维京人发现美洲的争论始于1837年，当时有一个丹麦学者卡尔·克里斯琴·拉芬（Carl Christian Rafn）教授在他的出版物中展示了一些来自美洲的文物。其中包括两部记述了大约八个世纪前维京人所进行的一场海上航程的萨迦，这场航程所造访的西方土地从种种迹象来看就是美洲。《格陵兰萨迦》（*Greenlanders' Saga*）和《"红发"埃里克萨迦》（*Saga of Erik the Red*）都提到维京人曾在西方偶然发现并探索过一片广阔土地的一些细节，在那里维京人曾经短暂地尝试过定居。在某种程度上，很多细节都是相互冲突的，因为每种说法看起来都是各自在表述发生在格陵兰和冰岛的同类事件。然而，这些萨迦

对页图：12世纪的维京战士。这些武士所使用的盾牌是通常的长条"风筝"样式的盾牌，而不是相对传统的圆盾；而其所穿的锁子甲则是因受西方影响发生变化、为新兴骑士阶层所惯常穿着的样式。（Artwork by Angus McBride, © Osprey Publishing）

165

从不提及怪物和神话的实事求是的风格，使它们看来具有很大的可信度。

另外一个增大其可信性因素的是，书中提到发现的年代是在维京人的势力在所有他们的船只可以抵达的欧洲国家统统开始衰退的时候。作为维京人扩张运动的一部分，大约在870年，开始有维京人定居到了冰岛。10世纪中期，冰岛的人口已经达到了大约三万人。据记载，格陵兰岛最终被发现了，但直到大约980年维京人才在那里登陆，当时，因一头红发而得到其绰号的"红发"埃里克试图召集人手在那里建立殖民地。986年，他在那里创建了两个定居点，分别被称为东方殖民地和西方殖民地，那里很快就有了大约三千名维京居民。

发现美洲

也是在986年，有一个来自冰岛的商人布亚尔尼·海尔约尔夫森（Bjarni Herjolfsson），因船只被吹离航道来到了格陵兰岛。根据《格陵兰萨迦》的说法，布亚尔尼和他的手下航行了三天，"直到陆地完全陷入地平线以下"。但随后"刮起了北风，大雾下沉，他们就不知道自己所在的方位了"。这种糟糕的情况持续了一段时间；"最终，天空中出现了太阳，他们能够确认自己的方位。他们就拉起风帆，航行了一整天，然后就看到了一片陆地"。

水手们问这里是否是格陵兰岛，但布亚尔尼说他不这么认为。再朝陆地航行了一段，他们看到"那片土地上没有

美洲东海岸的布拉特合立德（Brattahlid）定居点，由"红发"埃里克创立。该处定居点最终由于气候的恶化遭遗弃。（Werner Forman/Universal Images Group/Getty Images）

山脉，到处覆盖着森林，只有一些低矮的小山"。布亚尔尼和他的手下没有上岸。他们继续航行了"两天，然后看到了另外一片土地"，那片土地"地形平坦，覆盖着森林"。他们随后"掉头离开了那片土地，借着一股西南风在海上航行了三天。这时，他们看到了第三片土地。这片土地的地势很高，山岭纵横，上面还有很多冰川"。他们继续航行，最终看清楚那是一座小岛。他们也没有在那里登陆，在布亚尔尼看来，那就是一片毫无价值的土地。他们就继续向前航行，然后被一阵飓风卷住。在经历了四天的航行后，他们抵达了格陵兰。

这次航行相对容易，在很大程度上受益于格陵兰岛周围的盛行风和洋流作用。格陵兰岛的两侧均有从北到南的洋流，它们沿着拉布拉多海岸向前，在纽芬兰海域与向北流的墨西哥湾暖流汇合。在冰岛和格陵兰岛之间，有从北向南吹的风，绕经格陵兰岛南端，然后沿该岛的西海岸北上。然而，在更纵深的海洋区域，将会出现从北极吹过来的西北风，在纽芬兰以南，这股风会与从东方吹过来的暖风相遇。

布亚尔尼的故事引起了新近定居在格陵兰岛的殖民者的兴趣。在1000年左右，列夫·埃里克森（Leif Eriksson），也就是"红发"埃里克的儿子，"来见布亚尔尼，购买了他的船，而且雇佣了该船的船员；当时该船的船员总共有35人"。他们从格陵兰岛出发，向西航行，"首先发现了布亚尔尼那次航行最后看到的土地。他们在海面上降下了一只小艇，派人乘坐小艇上岸，但发现在这片陆地上连草都不长。

这片高地上到处是巨大的冰川，在冰川和海岸之间，只有光溜溜的岩石地。看起来这片土地没有什么价值"。列夫称之为"荷鲁兰"（Helluland，意为"平坦石头地"）。

他们继续向南航行，"发现第二片土地"，然后也在那里上了岸。"这里的地势也很平坦，覆盖着森林。不管走到哪里，到处都有白色的沙滩平缓地没入海水。列夫称之为"马克兰"（Markland，意为"有森林的土地"）。然后，他们"在一阵东北风的吹拂下"继续航行，"在海上待了两天后再一次看到了土地"。他们来到岸边，探索了周围的环境。他们发现了一条河，就沿着河向上游航行，结果发现这条河是"从一个湖泊流出来的"。列夫和他的同伴将他们的工具从船上卸下来，在那里建造了小屋。"后来，他们决定在那里过冬，就建造大房子。"第一个维京人在新的世界的定居点被称为"列夫村"。那片土地"如此肥沃，在他们看来，在冬天根本不需要为牛储备饲料。那里的冬天也不下雾，青草几乎不会枯萎。比起在格陵兰和冰岛的情况，这里的白天和黑夜的长度相对更平均"。在进行过更多的探索后，他们在那里发现了"葡萄藤和葡萄"，这一发现为那片土地带来了名字——"文兰"[1]。

劫掠美洲土著人

根据传说，维京人至少有四次从格陵兰岛到文兰岛的临时性探险，时间在1000年到1030年间。其中第一次由列夫的

[1] "Vinland"的意思是"有葡萄藤的土地"。——译者注

埃尔斯米尔岛

格 陵 兰

荷鲁兰
（巴芬岛）

西部
定居区

东部
定居区

冰岛

马克兰
（拉布拉多）

北 美

大 西 洋

兰塞奥兹牧草地

文兰

纽芬兰

北

"红发"埃里克去格陵兰的航路
（983—986年）

文兰航路（1000—1015年）

狩猎和贸易航路（1050—1350年）

0   1000英里

0   2000千米

维京人在北大西洋海域的航行图

兄弟托瓦尔所领导，托瓦尔和他的35名手下发现了此前列夫探险期间在列夫村建造的房屋。在这次冒险以前，维京人在这片新发现的土地上没有发现过任何其他人类生命存在的迹象，但这时探索队在一个小岛的西面发现了一个用木头做的谷物容器，而且那显然是人造的。接下来一年的夏天，托瓦尔和他的同伴戏剧性地首次与新世界的原住民相遇了。在一个靠近海滩的地方，他们发现了"三艘皮艇，每艘皮艇上有三个人"。托瓦尔和他的手下攻击了土著居民，"将他们全部俘虏，只有一个人乘皮艇跑掉。后来他们杀掉了俘虏的八个人"。根据《格陵兰萨迦》，这是历史上欧洲人和印第安人之间的第一次相遇。

维京人称那些与他们相遇的土著人为"家伙"（Skraelings），这是一个用于不加区别地含糊指代所有新发现土地上原住民的词。这一行动似乎只是维京人实施惯了的海岸突袭行为的一个最恶劣的案例。血腥事件发生不久，就有大量乘坐皮艇的土著人前来攻击维京人的船只。他们武装着可以娴熟使用的弓箭，他们射出的一支箭，穿过船舷上缘和盾牌之间的空隙，射杀了维京人的头领托瓦尔。尽管遭遇到了这种冲突，维京人仍然在文兰的列夫村继续停留了两年后才返回格陵兰。

造访北美的证据

萨迦所描述的这些情况和其他一些激动人心的事件，在大西洋两岸的人们中间引起了巨大的兴趣，他们声称萨迦中描述的情况有大量是可核查的，而且符合维京人在大西洋海域航行的早期历史。从1837年开始，一个多世纪以来，出现了很多穿插着脆弱证据的理论，试图证明维京人曾经到过北美洲。萨迦中曾评论说维京人认为文兰全年白天的时间都要比他们在斯堪的纳维亚半岛感觉的要长。根据这些评论做出的计算得出的理论认为，维京人最远到达过今天的美国佛罗里达。根据一些被认为具有维京人建筑结构特点的遗迹的考察，有一位热情的19世纪研究者想象在波士顿地下有一座维京城市。19世纪末在美国明尼苏达州的肯辛顿曾"发现"的一块刻有古代维京人文字的石头，以及后来在缅因州甚至远抵巴拉圭发现的一些类似物品，后来均被证明是骗人的假货。

更有价值的证据是所谓的文兰地图。该地图通常被认为制作于1440年，发现于1957年，1965年开始公开展出，1974年遭造假质疑，1986年在经过更加烦琐的测验后被再次确认为真品。这得感谢科学技术的进步。所有人为之兴奋不已的原因是，这份世界地图显示文兰岛位于格陵兰的西方。另外一份由西于聚尔·斯蒂芬森（Segurdur Stefansson）在丹麦皇家图书馆发现的地图，年代可以追溯到16世纪末。尽管该地图的年代在哥伦布发现新大陆之后，但上面仍然显示了荷鲁兰、马克兰、斯卡林奇兰（Skalingeland，意为"有土著人的土地"）和一个狭窄的被称为"文兰蒂亚岬"（Promontorium Winlandia）的半岛，非常奇妙地类似于西北走向的纽芬兰半岛。

这是一种装饰性的镀金或青铜材质的风向标(vedrviti)，根据萨迦的描述，许多维京人长船的船首都设置有这种用于标识重要性的风向标。有四个安在教堂尖顶上的这种风向标保留至今；图中的这个见于瑞典索德拉拉（Söderala）的教堂。（Werner Forman/Universal Images Group/Getty Images）

发现维京人定居点

不过，在挪威作家海尔奇·英格斯塔德（Helge Ingstad）和他的妻子安妮·斯泰纳（Anne Steene）正确地估测文兰的一部分应该在纽芬兰半岛的尖角位置以前，始终没有决断性的证据能表明维京人实际上到达并且在美洲定居过。1960年，英格斯塔德夫妇在接近纽芬兰的伊帕瓦斯湾（Épaves Bay）附近的兰塞奥兹牧草地的小村中发现了维京人定居点的遗迹。随后由英格斯塔德、斯泰纳，以及班特·斯考恩拜克（Bengt Schonback）、布姬塔·华莱士（Brigitta Wallace）进行的考古发掘工作，发现了七座房屋的地基，其中一座房屋有20米长，分成几个房间，还配有走廊。从地基来看，这些地基上原来的房屋采用的是草皮盖顶的样式，跟维京人在格陵兰和冰岛建造的房屋样式非常相似。这一令人惊讶的发现最终证明维京人确实在哥伦布抵达美洲五个世纪前就曾经到过美洲。看来纽芬兰就是维京萨迦中所说的"文兰"。

这一发现也导致了很多有关维京人在美洲的情况，以及萨迦中所描述的据说他们所见到情况的新问题。如果纽芬兰就是文兰，有关格陵兰和"红发"埃里克传说中提及的葡萄和郁郁葱葱的植被在哪里？部分原因可能在于公元1000年左右当地的气候相对温和。直到13世纪末，北半球的气候都处于相对更温暖的状态，但此后直到19世纪中期，都变得非常寒冷，然后又变得比较暖和。在这段被称为"小冰河时代"

的时间，人们可以在泰晤士河和荷兰的运河河面上滑冰，与此同时，在北欧和中国北部无法成功种植谷物。总的来说，在气候相对更温暖的地区，能更好地克服这种变得更加寒冷的气候。然而，在更加靠北的半球区域，气候变化所造成的结果要更严重。在这个时期，无论在格陵兰岛和还是更靠西部地区，生存都变得更加困难。增加的冰山逼迫鲸鱼向更南部的区域迁徙，导致因纽特人在极北地区的食物供应受到更大的影响，促使许多人向其他地区移民。因此，可能在大约1000年的时候，在文兰有更多的植被生长。曾有人十分合乎逻辑地提出，列夫·埃里克森之所以将他发现的土地命名为"文兰"，目的只是吸引定居者前来，他的父亲当年曾经对格陵兰做过同样的事情。

定居在文兰

在1000年后的某个时间，托瓦尔的探险队返回了格陵兰，又经过了一些年，另外一队维京人造访文兰。这一次远征的目的是在文兰建立一个大的定居点。这次殖民远征的组织是在格陵兰岛进行的。远征队包括六十个男人、五个女人和一些牲畜，领导者为托尔芬·克尔塞夫尼（Thorfinn Karlsefni）。他们一路航行无碍，顺利抵达了文兰列夫村。据记载，他们有充足的食物，其中"包括各种猎物和鱼，以

下页图：位于兰塞奥兹牧草地的维京人草皮盖顶屋的复制品。（Russ Heinl/Getty Images）

及其他一些东西"；他们还忙于砍伐木材，那在格陵兰是一种稀缺的商品。也是在这段时间里，克尔塞夫尼的妻子古特瑞德（Gutrid）在文兰定居点生下了一个叫斯诺里的男孩，这是欧洲人在美洲生下的第一个孩子。此外，根据《格陵兰萨迦》的说法，克尔塞夫尼"在他的房子周围建造了一道坚实的栅栏墙，他（和他的手下）做好了保护自己的准备"。这是萨迦中首次提到欧洲人在美洲建造具有某种重要性的防御工事。

维京殖民者在文兰定居点度过了冬天。直到第二年夏天，他们才发现一些本地土著人的踪迹，当时有大量的土著人出现在森林附近。据说，土著人很害怕维京人带来的牛的叫声，这造成了一些误会，尤其是当时"没有哪一方的人能理解对方的语言"。作为"寻求和平的象征"，维京人决定"拿出一面白色的盾牌，并带着它接近土著人"。这种做法奏效了。最终，维京人明白了土著人是想跟他们做交易。

根据《"红发"埃里克萨迦》的说法，克尔塞夫尼和他的手下"举起了盾牌"，然后土著人和维京人"开始进行贸易"。最初最吸引土著人的物品是"红布"，他们用红布"裹自己的头"。土著人提供的产品是毛皮，他们有"灰皮子和黑貂皮，以及其他各种皮子"用于交换。他们也想向维京人购买剑和长矛，但所有萨迦都提到克尔塞夫尼"严禁手下出卖自己的武器"。土著人和维京人之间的类似贸易持续了一段时间，直到后来维京人用光了他们的布。

11世纪发生于维京人与美洲土著人之间的战斗。维京人尝试在北美长期定居的努力失败的主要原因显然是跟土著人的敌对关系，萨迦中称这些土著人为印第安人或因纽特人之类的民族。（Artwork by Angus McBride, © Osprey Publishing）

与土著人交战

这种相对友好的关系后来趋于恶化，当时有一些土著人再次到维京人这里来，根据《格陵兰萨迦》的说法，其中一个人由于试图"偷"维京人的武器被杀。根据《"红发"埃里克萨迦》的描述，拿着棍子的土著人乘坐大批本地船只从南方过来，"所有人……都不住地大声咆哮"。维京人举起了"他们的红色盾牌，用于抵抗土著人"，双方随即"发生冲突，激烈地打斗起来。土著人射来一阵箭雨，还使用了索具一类的武器"。土著人"竖起了一根杆子，上面有一个庞大的蓝黑色的球状物体。他们把这东西从空中扔向克尔塞夫尼和他的手下，这东西落下时发出了巨大的声响。克尔塞夫尼和他的手下吓坏了，剩下的唯一想法是沿河逃跑，找一个陡峭点的悬崖，在上面站稳脚跟"。在这时候，弗莱迪丝，从前被杀的托瓦尔的妹妹[1]，从一座房子里出来，看到维京人正在逃跑。她立刻大声喊道："为什么你们连这些野蛮人都怕？你们都是这么勇敢的男人……要是我有一把剑，我能比你们打得更好！"但是他们没听她的，弗莱迪丝只好跟着他们一起跑进森林，"后面是追赶的土著人"。"由于她带着孩子，所以跑得比较慢"，在森林里，她看到一个被打死的维京人，"有一块石片插进了他的脑袋"。弗莱迪丝捡起

---

[1] 前述"维京妇女"一节曾提及弗莱迪丝和托瓦尔是夫妻关系，但在此处则称两人为兄妹，原文恐有误；列夫与弗莱迪丝是兄妹关系，列夫与托瓦尔是兄弟关系，则托瓦尔应为弗莱迪丝的兄弟；另外一种可能是当时不止有一个叫"托瓦尔"的人。——译者注

了死者的剑，"以便用剑保护自己"，当时土著人已经朝她冲了过来。"她随即从衣服下面扯出自己的乳房，用手里的剑狠揍了土著人。土著人被吓坏了，纷纷逃回自己的小艇，划着船桨离开了。克尔塞夫尼和他的手下赶过来，大家一起赞扬了她的勇气。"

维京人在处理跟土著人的关系中，像在跟他们自己人相处一样，过度依赖暴力，这无助于让土著人接纳他们，反而可能刺激土著人一起来驱赶他们。无论如何，本地土著人在维京人暴力行为后采取的反击行动，最终封死了维京人尝试进一步在文兰进行殖民努力的道路。根据《"红发"埃里克萨迦》的说法，维京人意识到，"尽管这是一块极好的土地，但他们在那里的生活却总是被战争和恐惧所包围"——对于崇尚暴力文化的维京人来说，这已经是非常严重的说法。

放弃文兰殖民地的原因很可能是维京领导人不断增加的内讧，根据《格陵兰萨迦》的说法，在弗莱迪丝的命令下，在殖民地曾发生过大规模的谋杀行为，此外，土著人给殖民地的压力也越来越大，在面对热衷暴力而陌生的外来人时，土著人也磨刀霍霍。

第四章

维京长船
THE VIKING LONGSHIP

漂亮的奥塞贝格古船复制品，现藏于奥斯陆的维京舰船博物馆。
（Universal History Archive/Getty Images）

维京长船的发展演化

　　很少有东西能像维京长船这样极其典型地象征维京时代。对于维京人来说，长船是他们活力充沛的文化的最好表现。这种船只的重要性从维京人的墓碑、钱币和涂鸦绘画中出现的大量的这种船只的形象可见一斑。维京人对这种船只的爱好也持续到死后，关于这一点，壮观的科克斯塔德古船和奥塞贝格古船就是证据，而且，维京人有把死者放在他的船上，然后烧毁船只火葬的习俗。从伟大的冰岛萨迦中的描述来看，维京人显然对他们的精美船只充满了自豪感。在那些萨迦中，我们可以看到长船被赋予"桨马""安静龙""峡湾驼鹿""跨海野牛"和"大蛇"等名称。

　　针对作战、贸易和探险的不同需求，长船的基本设计会有明显的区别，各自的用途都可以从其技术性命名上看出来。小船根据它们采用的桨的数量归类：例如，配六支桨的小艇就叫六桨船（sexaeringr）；通常用途的船只有12~32支桨，例如科克斯塔德古船，属于"卡威船"（karvi）；最少配20个划桨位置的长船，比如在斯库尔德拉夫发现的案例，属于船身窄尖的"小战船"（snekkja）；更大的战船，像斯库尔德拉夫2号船和奥塞贝格6号长船，被称为"破浪船"（skei）。维京时代后期的大型战舰在萨迦中都有记载，被称为"德来卡船"（drekar）或者"龙船"（dragon），这种船的标志无疑是船上吓人的雕刻龙头船首。称呼所有这些战船的通用的词是长船。运货船只叫作"knarr"或"kaupskip"，也就是"远洋商船"的意思。

在陆地上穿越峡湾、湖泊和河流时，适于航海的长船的重要性很快就变得明显起来。维京人的航海文明所发展出来的船只，曾历经石器时代、铜器时代和移民时代的考验。在9—13世纪，维京人最终创造了这种了不起的船只的最完美形式。

早期皮艇和木船

在冰川时代接近结束的某个时间，大约公元前8000年至公元前6000年，开始有随着不断向北退去的冰川流动的渔民集群在今天挪威西北海岸的地区定居下来。

他们将海洋当成自己的高速公路，去极地地区捕捉大型猎物，追逐远离海岸的鱼群。为了获取大量的鱼类，他们从一开始就必须使用适于远洋航行的船只。专家普遍认为，他们在冰海上乘风破浪的船只在形式上类似于北极地区因纽特人所使用的木架蒙皮船（umiak）。按照一份保存至今未加变动的设计，木架蒙皮船是由重叠缝合在一起的拉平的防水海豹皮蒙在有横纵梁的木框架上制成的。

与此同时，在气候更温和的斯堪的纳维亚半岛南部，人们也会冒险进入海洋谋生。这些岛屿部落的人们对皮艇无疑是了解的，也因为受益于所在地区广袤的森林，他们开始建造越来越复杂的木船。这些木船在应付捕鱼、在平静的内陆水道上进行短程航行方面已经完全足够，但并不是非常适合于在海洋上航行。在吸收皮艇技术改造传统的木船制造技术的过程中，他们遇到过一些挑战。到了青铜时代时，他们制造出了斯堪的纳维亚半岛最早的木板船。

约特斯普林古船

随着公元前3000年末期金属工具被引进北欧，造船技术开始有了史无前例的大发展。在几个世纪间，为了寻找铜和锡以制造青铜武器和工具，斯堪的纳维亚人的贸易区域变得更加广阔，航海经验变得更加丰富，这相应地促进了船只设计的改良。截至公元前1500年，维京人的航程已经超出了他们的本土水域，他们在所发现的陆地上停留，周期性地造访不列颠和爱尔兰进行贸易，甚至还可能去过法国、西班牙和地中海。

1921年，在丹麦南部埃尔斯岛的约特斯普林（Hjortspring）沼泽中挖出了一艘古船。该船可能属于在战争中被俘获的战利品，系迄今为止在斯堪的纳维亚半岛发现的最古老的木板船，时间为大约公元前350年，里面装满了缴获的武器以及一个被打败的敌人，其是作为感谢神恩的祭品沉没到沼泽中去的。虽然约特斯普林古船的历史年代可以追溯到铁器时代早期，该船很显然类似于青铜时代的石刻上描绘的船只。该船长度刚刚超过18米，船体中部有2米宽，船壳仅由七条由动物肠线"缝"接的椴木板构成，木板接缝用树脂密合。这艘船看来是用作较大的战船使用的，每一端都装备着一只舵桨，配有20个人用的船桨。船底由一整块宽阔的木板构成，木板为盘子形，表面从船头到船尾不断地弯曲，成一条平滑的曲线。在朝向两端的方向，木板变得越来越窄，板条中间的船舱空间也变得越来越小；板条的末端位置形成类似的船舱空间，跟做船底的木板连接在一起，构成船首和船尾。在结构上，这种维京长船独具特色。怪异鸟嘴形的突出部分，从船底木板和那些预先加工好的板条末端结合部延伸出来，构成长船的双船首和船尾。完工的船壳由两片宽阔的搭接式木板组成，每侧一片，底部连接，构成船只的龙骨翼板（garboard）和舷顶列板（sheerstrake）。这些木板在船首和船尾处汇聚，但并不直接接触，而是借助有榫孔的末端连接部件相连。

内部支持结构由从一侧船舷上缘弯到另一侧船舷上缘的肋骨状细长榛树棍构成，每两根这样的肋骨之间相距1米，

下页图：瑞典维特里克（Vitlycke）的青铜时代石刻岩画，上面描绘的是一支船队。很多这种岩画上带有从船体出发向上延伸的垂直线，这些线条代表的可能是水手，也可能是船上配有的桨的数目。（Werner Forman/Universal Images Group/Getty Images）

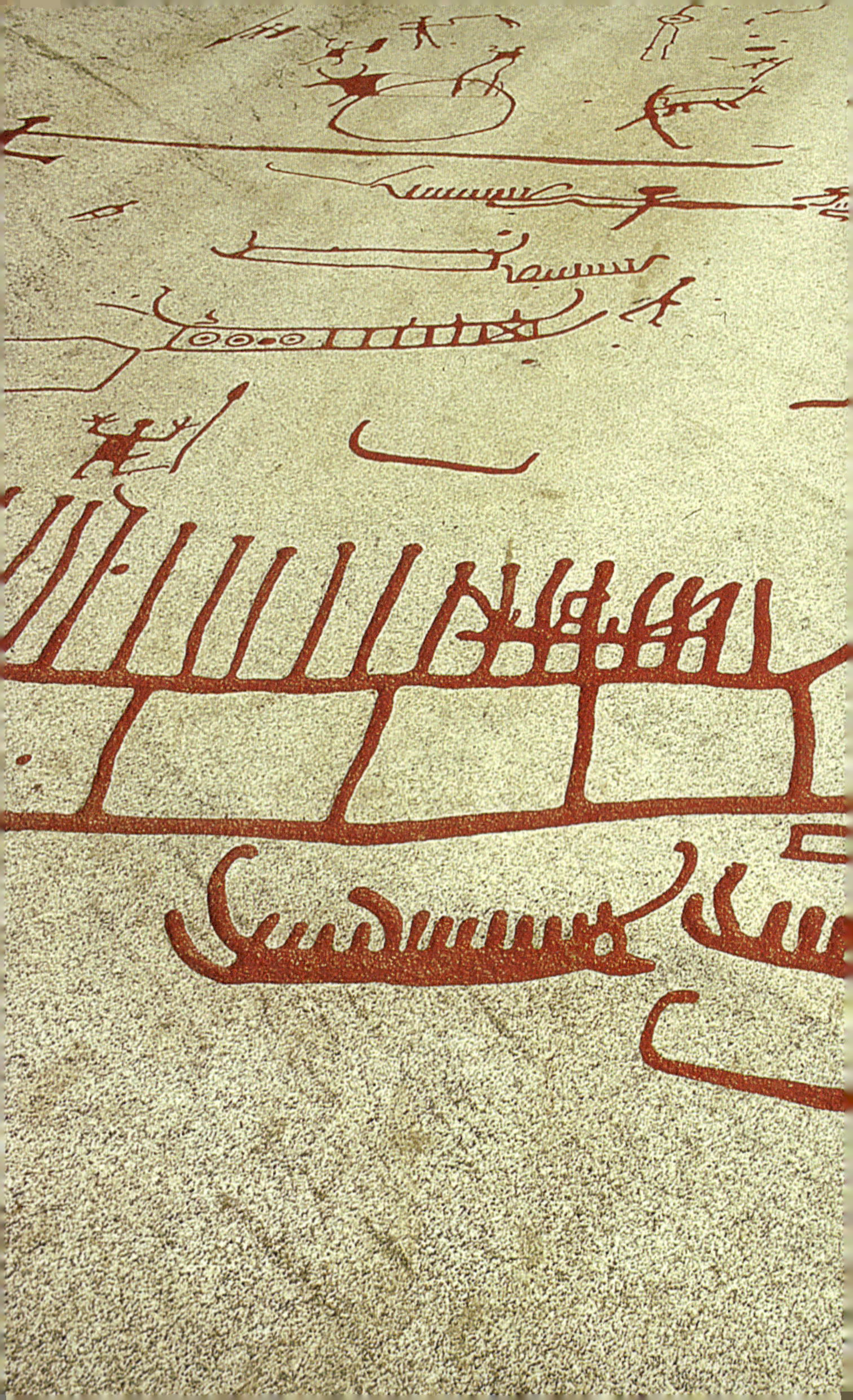

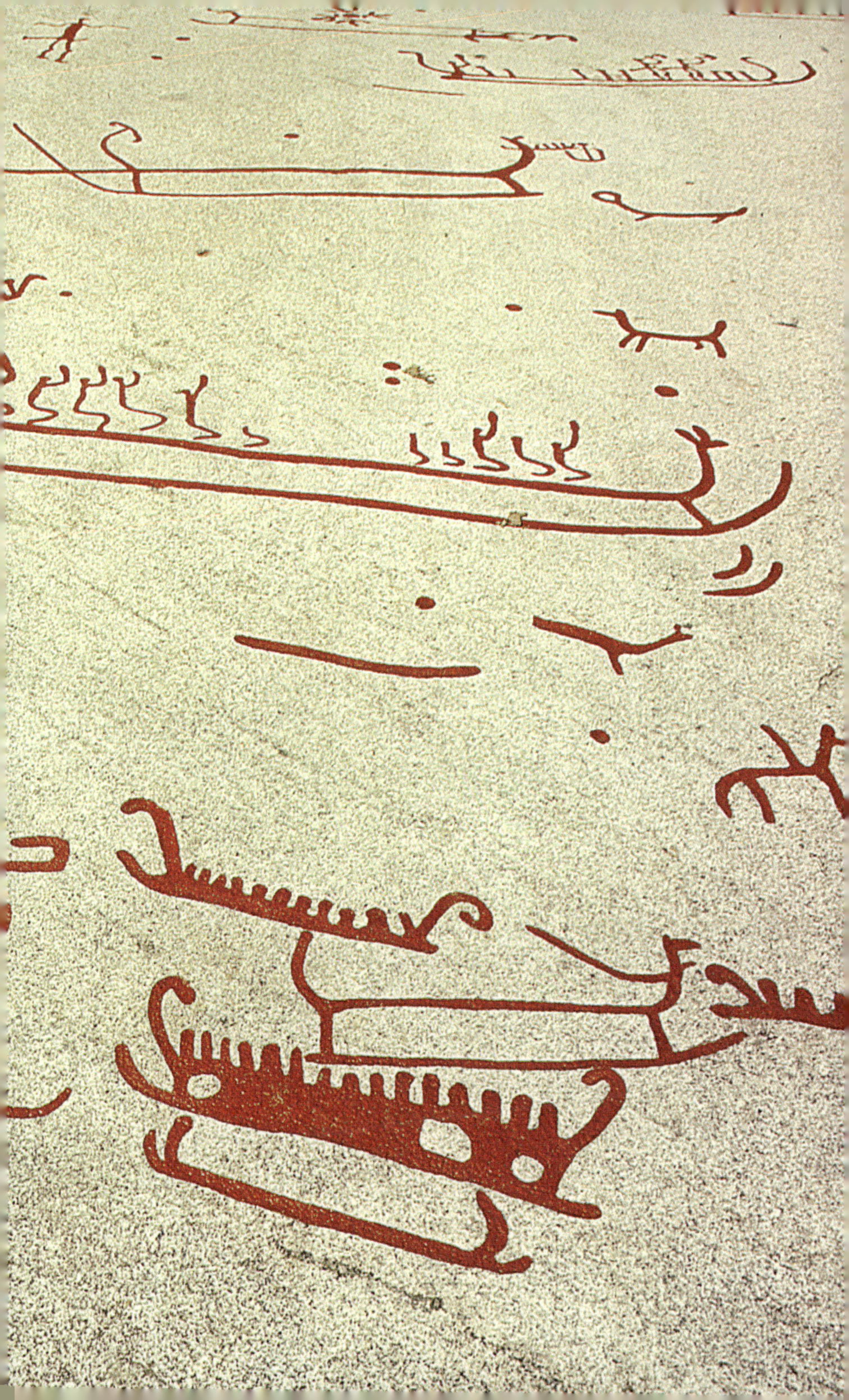

通过在完成船板的时候预留下安装位置的楔子固定在船壳上。这种独特的建造方式，使得维京长船在总体结构上具有极好的灵活性，在进入10世纪后仍然能很好地满足维京人的需求。

从发展的角度来看，约特斯普林古船几乎是一个皮艇和木船核心要素的完美结合体，体现了维京长船所具有的力量、速度和灵活特点，这些特点后来都成为斯堪的纳维亚人造船的标志。在接下来的700年间，这些优点显然得到了不断的巩固和加强，1863年在日德兰半岛南部尼达姆（Nydam）发现的移民时代早期航海古船可以证明这一点。

尼达姆古船

像约特斯普林古船一样，在尼达姆发现的最大的船只无疑是一艘战船，在大约350—400年作为献祭品被沉入水底前，里面已经被装满了军用器械。这艘船是一艘采用搭接法建造的大型敞篷船。船身全长约为23.5米，宽3.5米，深1.2米。该船完全由橡木建造，船脊由固定在斜艏柱（raked stem）和船尾部的船底板构成。船壳由10条木板构成，每侧有5条，连接在船底板上，舷顶列板由嵌接的舷缘支撑。所有10条木板都固定在逐渐变细以接纳它们的船脊和船尾上。每条木板都与船壳长度相等，长度在20米以上，宽度为50厘米，由一整根木材制成。考虑到当时技术的落后，单是这种巨大柔韧的板条制造已经证明了铁器时代维京人造船工匠技术的高超。与约特斯普林古船不同，这些采用搭架法结合的木板不是"缝"接在一起的，而是用铁钉钉在一起的，在船壳内侧采用加垫圈敲弯铁钉头的方法进行紧固。作为一种从维京时代一直延续到今天的传统工艺代表，尼达姆古船上的这种处理方法属于第一例。

古船上的大量肋骨系用形状适合的木材砍削而成，通过铆钉固定在板材上。15根横梁的每两根间距为1米，由一系列的支柱支撑，以配合桨手的需要，构成船的骨架。该古船由30支船桨驱动，在舷缘上固定有类似数目的倒钩形桨架或者支轴。古船的船舵是一个巨大的桨形舵，在考古挖掘过程中被发现于靠近船尾的地方。船上未发现任何用于固定桅杆的设施的痕迹，即使是再有信心的人，在驾驶如此狭窄而且侧面陡峭的船只时，也不敢使用风帆。这并不是说这艘船不适合于海上航行，在尼达姆发现的古船和在东英格兰的萨顿·胡（Sutton Hoo）发现的古船属于同一种类型，撒克逊武士曾经乘坐后者跨越北海突袭英格兰，后来还在英格兰进行殖民。不过，我们可以确信的是，有一些乘坐这种狭窄的敞篷式船只进行的海上航程，是以灾难结束的。由于没有龙骨，这种船很容易发生扭曲变形或者被淹没。

尽管如此，尼达姆古船在制造工艺方面的进步是明显的：采用固定船舷和桨位的设计代替之前不固定位置的设计，可以使船只的转向更有效率，获得更大的推动力，而且，采用铁铆钉固定船板使得船体变得更结实安全。不过，这种船在动力和结实度方面始终还是不足的，这个问题要靠引入龙骨才能解决。

到8世纪初，这个问题显然已经至少部分地得到了解决，在挪威西部尚默（Sunmøre）发现的克瓦尔松古船（Kvalsund ship）可以证明这一点。

克瓦尔松古船

克瓦尔松古船建造于大约公元700年，是一艘大型敞篷海船（havskip），有18米长，3米宽，船舱深80厘米。就像

木刻上的维京人龙首船。（Werner Forman/Universal Images Group/Getty Images）

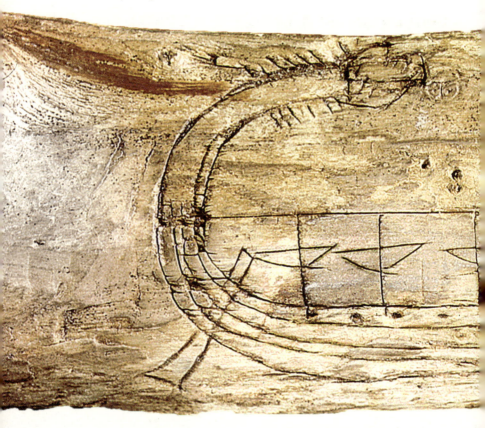

我们前面已经描述过的两艘船只，该船是作为献祭品被沉降于沼泽地的，是在斯堪的纳维亚半岛发现的第一艘采用龙骨的古代维京船只。

　　该船的船脊仍然包括一块做船底的木板，该船以这种方法沿扩展的纵向构造一个一体化的支撑结构，基本的龙骨由此形成。虽然还远远不够完美，这一设计仍旧是一个巨大进步，通过强化船底，避免了船体的变形，有利于构造形态更优雅、更宽、空间更大的船壳。更重要的是，其所产生的稳

上面有维京长船图案的9世纪银币。这些银币是在瑞典比尔卡（Birka）被发现的。（Werner Forman/Universal Images Group/Getty Images）

定性使得船只可以选择使用风帆了。虽然并未在船上发现桅杆或与风帆配套的索具，但这艘船在结构上的所有方面都显示它是一艘海船，能够使用风帆或桨作驱动。

采用搭接法建造的船壳完全采用橡木制成，板材间用铁钉铆接固定。不过，在这艘船上所使用的板条变得更加狭窄，与此同时，板条的数量变得更多。板条的特点是每条都用几根不同长度的木材砍削组合制成，这使得船壳具有更大程度的灵活性，相对于此前提到的船只类型，建造该船时不需要进行大量的寻找和置备极长木材的工作。该船的肋骨采用的是松木，用铆钉铆接在船壳上，但并不与船底或者龙骨板相连，因而使得灵活的船壳可以在猛烈海浪的冲击下独立"运动"。每侧船舷上有10个用木钉固定的桨架；舱内有11根间距1米的横梁，起到支撑和做桨手座位的作用。

此外，克瓦尔松古船是研究者发现的第一艘采用在船壳后右侧，也就是右舷，架设固定船舵（维京人称为"styri"或"steer"）的维京长船。这种设置方式后来成为维京船只设置船舵的经典样式。船壳上钉有一个圆锥形的顶盖，一根柳条编的绳索穿过船壳和顶盖上的钻孔将其与船舵连接起来。人员可以通过在右舷侧加固过的三角形船舵筋板迅速登船。船舵筋板和前面对应的船舱隔离壁之间并无直接的铆接，只是钉在船壳上，边上顺应搭接的板条凿出一些阶梯。船舵颈通过可调整的皮带连接在船舷上，舵上有一个舵柄用于控制船舵进行转向。这种设计使得船舵处于一种非常有效率的状态，始终可以在自己的长轴上灵活地转动。

克瓦尔松古船建造的几乎每一个方面，都足以使之当之无愧地处于北欧造船技术新时代的前列，这个维京造船新时代将会在第9世纪和第10世纪迎来全面的繁荣。

船帆

在维京长船的发展历程中，有一个延续时间最长的谜团：像维京人这样一个经验丰富的航海民族为什么直到8世纪才采用风帆？风帆开始被引进斯堪的纳维亚半岛的最早证据见于瑞典哥特兰岛的8世纪早期岩画，但我们很难相信，斯堪的纳维亚人作为非常活跃的贸易者在那以前不知道风帆的存在。当时风帆在地中海地区已经广泛使用了几个世纪，必定已经为普遍受罗马人影响的西欧人所熟识（尽管这种影响实际上从未扩展到斯堪的纳维亚半岛过）。

在8世纪前，长船上显然较少使用这种技术，原因之一可能是当时的海外航行虽然很普遍，但实际上主要发生在斯堪的纳维亚半岛海岸周边，在这个海域桨所能提供的推动力已经足够。换言之，风帆并非维京长船在当时来往水道上航行的必需之物。

而且，在克瓦尔松古船出现的时代前，缺乏龙骨和依靠船底板的结构实际上限制了长船的设计，生产出来的狭窄、陡侧面的船只，而这种船只并不能稳定地承担桅杆和风帆施加的压力和扭力。

对这一问题实际上没有令人满意的答案，但保守而言，一旦把风帆安装到船只甲板上，风帆的使用就会给维京时代的船只建造带来许多重大的改变。

维京时代

　　随着真正的龙骨的引进，船身的横截面变成了"T"字形，变得更加结实，一系列有轻微弧度的搭接式板材开始被用于建造更宽敞的船底。在水线以下的肋骨仍旧通过铆钉固定到板条上，但如我们所见到的那样，不是在第一根板条上，而是在龙骨翼板和龙骨上。在水线位置的底端板条部分，更早时代采用的强化舷缘现在被改成比以前厚很多的板条，在古代斯堪的纳维亚语中叫作"meginhúfr"，即"大船壳板"的意思。这根板条跟龙骨一起，为船只提供纵向的强度，同时也极大地强化了水线部位的船壳，便利了从船底结构到船侧结构的过渡。与之相连的横梁，分布于肋骨的上部，跟肋骨以木钉相连。为了避免船只在采用风帆航行发生倾侧的时候被水淹，这种长船的侧面增加了很多用于拔高船舷的板条。船只上部的板条要承受波浪的冲击，还要承受船壳倾侧时施加在上面的压力，上面钉着每根末端都跟横梁连接的"L"形撑脚。上部的筋骨可提供更多的支撑，每隔一

下页图：950—1000年的罗斯人。罗斯人砍伐树木，将它们修整为圆木，铺在地上，然后把粗缆绳拴在船尾，通过牵引缆绳，让船只在圆木铺就的轨道上前进。这是一种经现代考古学实验证明极其有效的运输方式。
（Artwork by Steve Noon, © Osprey Publishing）

根"L"形撑脚有一根这样的筋骨。

由于船舷上缘较高，在上面设置桨架此时变得不再可行，所以在船侧上部的一根板条上设置了桨孔，被选择的板条通常制造得更厚实，以抵挡划桨造成的磨损和冲击。在过去时代的船只上用作桨手坐凳的横梁，现在已经不需要承担这种任务，且被缩小以接纳需要仔细装配的甲板木板，这些木板通常是活动的，以便在必要的时候拆卸下来，方便在船壳中装载打包货物，对船壳进行维修，以及在下面储存东西。

支撑桅杆的部件位于龙骨的正上方，是一块大木块形的木材，被称为内龙骨（kjerringa或keelson）。内龙骨靠在龙骨上，但不与之相连，最大可以跨越四根肋骨，用木钉固定在肋骨上。内龙骨上有一个插桅杆的座，主要功能是在船只航行时，把桅杆的重量和通过桅杆传过来的压力均匀地扩散开去。内龙骨在桅杆座前面的位置上有一根垂直臂，在甲板的下面支撑桅杆。在那个位置，有另外一根前端为叉子形状的大块木材卡住桅杆，对桅杆进行支撑。这种弯曲的部件被称为"桅杆搭档"（mast-partner）或者根据其鱼尾似的形状被称为"桅杆鱼"（mast-fish），跨越四根或五根横梁，逐渐变细，用木钉固定在横梁上。此外，桅杆的每侧都有钉在上面的"L"形撑脚和横梁支撑。保护桅杆的还有护罩和前后支索。像在克瓦尔松古船上一样，在船尾右后侧，连着一个潜水很深的大型船舵。

我们不能忘记这些创新发明，它们存在的时间前后超过

150年。在这些创新发明活跃的巅峰时代，维京人建造了一些伟大船只，诸如我们在奥塞贝格和科克斯塔德所发现的古船，只有技艺高超的维京工匠才能创造它们。

造船工匠和长船制造

1893年，在对科克斯塔德古船进行仿制时，人们发现在当时的挪威无法找到适合制作18米长龙骨尺寸的橡树，最终，不得不从加拿大进口了适合长度的木材。

在一个一向以木材输出国闻名的国家，这看起来似乎令人难以置信，但考虑到接下来要说到的情况，我们就能容易地理解在当地橡树的缺乏。根据考古学家欧雷·克拉姆林-佩德森（Ole Crumlin-Pedersen）的计算，建造一艘长20~25米的维京长船，需要50~58立方米橡木。如果所使用的树木每棵的直径有1米，高约5米，那么就需要砍伐11棵这样规格的树木，还要加上一棵高15~18米的树，用来做龙骨。

即使考虑到夸张成分，在萨迦和同时代文献中提到的船队规模显示，在维京时代，维京人建造过成千上万艘这种船只，挪威在19世纪末期无疑是缺乏橡木的，这至少部分是由

下页图：今天人们知道的有关维京造船工匠所使用的工具的主要信息，来自于贝叶挂毯上的场景。船身上部的男人正在使用一种"T"字形斧头修整船壳，与此同时，他的同伴正在使用胸压式木螺钻钻孔。（Dea /M. Seemuller/DeAgostini/Getty Images）

HIC TH

②

④

9世纪的长船制造

①奥塞贝格古船的内部，从中可以看出，板条系借助内部的木钉与筋肋相连。②科克斯塔德古船的桅杆支撑系统。③操纵舷（steerboard）与船壳的连接方式。④船首和桅杆头用风向标，最后往往会被安置在教堂的尖顶上，图示的这一个见于瑞典的索德拉拉。（Artwork by Steve Noon, © Osprey Publishing）

见于瑞典哥特兰岛的8世纪岩画细部。这个画面为我们提供了有关维京长船发展演变的丰富信息。（Werner Forman/Universal Images Group/Getty Images）

于在之前的一千年间对资源普遍的过度开发造成的。当然，包括松树、梣树、椴树、柳树和桦树在内的其他树木，有时也会因为它们的特殊的材质，或在橡木不够使用的时候被采用。

在大师级别的造船工匠手下，应该有一队归他领导的工匠。这些工匠全都精于一种或者另外一种造船技术。在这些造船技艺中，最重要的一种是在森林中识别用于建造船只不同结构部件所用树木的本领。高大的森林橡树可以提供用于制造龙骨和木板的木材，而桅杆、帆桁、横木和船桨则用松木制造。平地上生长的单棵橡树上，在较低的位置生有弯曲的树枝，这些树枝可用于加工长船的肋骨、船尾和船尾的附件，桅杆鱼或者船舵可以用粗树干制作。在可能的情况下，木匠也会利用树干上天然的树杈来制造桅杆鱼，有时也会用这种结构制造内龙骨上的支撑臂。有自然弯曲的更细的木材用于加工成各种不同尺寸的"L"形撑脚，或者用于制作较小船只的桨架。

维京人所使用的木板系采用以斧子、凿子和木头或金属楔子等作为工具，径向劈原木的方法获得的。首先，将原木一分为二，再分成4份，然后劈成8份，直到最后直径1米的树干被劈成大约20块木板。在这个过程中维京工匠从来不会用锯，用这种方法劈木头，顺应了木材的自然纹理而不会将其内部的自然联系破坏，因此不会影响木材的强度。如果使用枝叶还绿的新鲜木材，维京木匠也能用这种方法生产出具有令人难以置信的韧性的薄板材，其可以在制成的船壳上打弯，发生扭曲。

对维京长船上所使用木材的近距离检测表明，斧子是维京工匠在加工木材时所使用的最重要的工具。从贝叶挂毯上描绘的造船场景来看，有一点也是很明显的，在伐木、修整树枝和劈整木板的过程中，维京人所使用的斧头不少于4种。此外使用的还有锛子、凿子、刨子、锤子、錾子、木螺钻，以及各种造型用的铁器和刀具。然而，很少发现维京人使用锯子的证据，虽然他们肯定偶尔会使用这种工具。与造船工匠工作密切相关的是铁匠，铁匠有这种工具，而在造船的过程中，他们会打造新锯，生产成千上万的钉子和敲钉头用的垫圈。

维京工匠并不依赖设计造船，他们在工作时按照世代相传的传统行事，在这个过程中，经验丰富的眼力和用作测量尺度的大拇指决定了船只的最终形状和尺寸。不管造的是战船、商船，还是海岸商船，每种船都具有同样的基本特点，在长度、宽度和深度比例方面不会偏离可接受的标准太远，维京造船工匠能够将造船的特殊要求或需要考虑的地域性因素与自己的方案有机融合。

按照约特斯普林古船、尼达姆古船和克瓦尔松古船的传统，维京时代的长船使用了"船壳优先"的建造策略，内部的强化部件只在底部板条已经建造到水线位置时才会安装。建造开始时，要准备好"T"字形的龙骨，用大石头顶住龙骨，让龙骨垂直竖立安放在安全的水平架子上。一旦设置好龙骨，船的中心架构就完工了，接下来可以建造船壳的形体。

每面船板都由很多嵌接的部件组成，搭接部通过三根铁钉紧固，铁钉头在船内侧套垫片砸弯。传统上，为了尽可能地减少进水，这些结合部露在外面的端头是朝向后方设置的。在装配船壳时，也要注意确保这种结合部彼此错开，不要把一个放在另一个上面，否则就会造成潜在的薄弱点。如果出现这种情况，这样的船只就会被说成是"拼凑货"。

维京人并不把板条切削成直的，而是根据它们在船壳上的不同位置用披斧把它们加工成特定的形状。上部靠外缘的"登陆板"需要将下面刨平，以形成一个平整有角度的表面，确保该表面能跟下面的板条严丝合缝地搭接。在最下面靠内缘的板条上，有一条用造型工具凿出来的沟槽，里面塞着一条用动物毛拧成的绳子，通常用松焦油堵缝，使得结合部尽可能地防水。

加工出第一根板条，也就是所谓的龙骨翼板后，需要将其安放在龙骨顶部的突脊下面并钉牢固。这一结合往往存在缝隙，因此需要使用绳索和焦油将缝隙塞满。接下来要把第二根板条与龙骨翼板结合在一起，堵上它们之间的缝隙。在它们搭接的部位，每隔18厘米钻一个孔，用铁钉紧固两者。然后，再用类似方法把第三根板条连接到第二根上，再打铆钉，以此类推，直到完成船壳。随着后面的一根根板材不

下页图：一幅表现维京长船在海上航行场面的19世纪水彩画。（Dea /G. Dagli Orti/DeAgostini/Getty Images）

断地加上来，船壳的形状开始逐渐扩大。在搭接板材的过程中，造船工匠可以通过调整板条跟相邻板条之间的相对角度或宽度来调整船壳的左右对称程度。

这在很大程度上取决于操作者的实践经验和眼力，有专家认为，在这个阶段，造船工匠可能使用过某种船只测量工具。这是一根事先测量过长度、有刻度标记的长棍子，工匠可以沿着从船头到船尾一系列节疤构成的固定线，在不同地点，借此检查每块板条的位置。作为替代的工具，维京工匠可能使用过模板或某种类型的水平仪，以测量板条的角度。不过，需要强调的是，许多工匠，包括现代采用传统工艺的造船工人，都避免使用这类器具。

一旦大船壳板装配到吃水线位置，内龙骨、肋骨、横梁和垂直的支撑部件就都已经安装妥当了。一旦在大船壳板上面再加装四到六根板条，船桨孔和上部肋骨的位置就设置完毕了。桅杆鱼被固定到横梁上，船舵被结实地绑缚在右舷后部的位置。船上需要刷涂大量的松焦油涂层，然后才能下水。接下来还要检查船上是否有裂缝，加装了压舱物后，还要对船只进行调整，直到造船工匠对船只在水上的航行情况感到满意。船只这时才算是已经装配妥当。

此后，还要将桅杆沿台阶运上船，再借助桁架将帆桁装到桅杆上面。如果该船属于商船，会安装2~4支船桨，但如果是战船，就要为该船配置30~60支各种长度不一的船桨。铺设过甲板后，还要用木钉固定，然后，依船主的富裕程度不同，在船上加装步桥、打包机、水桶和铁锚。

一些手工匠人和女人所做的工作，与造船业紧密相关，他们负责制作风帆和各种用作船只索具的绳索。考古发掘出来的文物和文献记录中，很少见到维京时代风帆和索具的踪迹，但经过仔细检查8—11世纪维京时代的岩画和钱币，我们还是发现了一些有用的线索；在挪威北部所做的人类文化学研究也提供了一些信息，在那个地区，直到20世纪，传统的渔船仍旧依靠长方形的大型风帆作为航行动力。通过织布和缝纫的方法制造尺寸在45~100平方米的船帆，必定是一项巨大的工程，需要很多的男人和女人参与进去，相应地，那也必定耗资不菲，虽然船帆也是一种必要配置。据我们今天所知，维京人的船帆通常使用粗羊毛织成，有时采用双层厚度，为了防止杂物侵入会做蜡浸或油浸处理。为了防止浸泡过的船帆下垂或者变形，可能还采用了沿船帆对角线平行拉绳索或者细皮条的强化方法。9世纪哥特兰岛岩画上的很多船只可能就采用了这种方法，按这种做法肯定会在船帆上造成明显的钻石格图案，在那些岩画中船只的风帆上，我们确实可以看到很多钻石格图案。

　　这些岩画上也能看到一种网络式物体，它们显然是位于船帆较低一边的缩帆索（reefing lines）。在今日挪威北部的渔船上，仍存在性能良好的类似装置，它们由松散的帆布编

下页图：奥塞贝格古船被发现时位于一条沟里，船舵仍旧保持原位，船首朝南，指向开阔的海域。（Artwork by Steve Noon, © Osprey Publishing）

结而成，可以拉紧它们之间的风帆，从而减少船帆的面积。另外，船上可能还设置有三四排水平的缩帆索，以使得船帆能够上卷、捆结，实际上最终有效地缩短。船帆的边缘都采用一种锁边绳索进行了强化，这种绳索也会被定制用于帆角索（sheets）、张帆索（bowlines）和分隔索（tacklines）等。

绳索由马尾、椴树内皮、大麻以及海象皮、鲸鱼皮和海豹皮制成。从现存证据来看，固定索具（standing rigging）都很简单，也比较细。从岩画、钱币和涂鸦所描绘的维京船来看，船上应该有两三根侧支索（shroud）支撑桅杆。维京船上部的板条显然是通过木钉固定的，或者是借助肋骨上的孔或铁柳条环（iron osier rings）与肋骨或横梁相连。连接在靠近船头和船尾位置的前后支索也能为桅杆提供额外的支撑。操作索具中无疑包括升降索（halyard），该索从靠近桅杆顶部的一个孔洞穿过，用于升降帆桁和船帆。帆桁的角度依靠两根转帆索（braces）调整，与此同时，帆角索、分隔索和张帆索等都能提供充分的船帆控制手段。索具的操作需要借助各种滑轮组、拴绳索的木钉、绳环、铁链和侧支索钉来完成，这类东西有些至今仍可以在奥塞贝格古船和科克斯塔德古船遗迹中看到。不过，这些东西究竟是如何运作的，今天的我们就只能猜想了。

卡威船

到9世纪初期的时候，维京人在船只设计方面取得了进步，加上两代维京水手累积的丰富航海经验，维京人开始了最早的针对欧洲海岸的攻击。这些袭击毫无疑问是由那些带着货物进行易货贸易的水手们实施的，但如果有可乘之机，他们也会采用其所希望的军队的形式来进行。几乎可以确定的是，当时这些袭击者使用的船只是卡威船。这种船只在维京人本土也用作劫掠船、商船或海岸游船，在挪威奥塞贝格和科克斯塔德王室墓葬中曾发现过这种船只的完好样品。

奥塞贝格古船

奥赛贝格古船无疑是幸存至今的最独特的维京时代船只，是研究者在1904年用了整个夏天，在挪威奥斯陆峡湾西边西福尔郡奥赛贝格农场附近的一个地点挖掘出来的。

该船被埋葬的地方过去离海洋并不远，位于一片靠近溪流的平地上。它最初被埋在一座高6.5米、直径超过40米的令人印象深刻的大坟堆下面，但是当加布里埃尔·古斯塔夫森教授（Professor Gabriel Gustafson）在当地开始考古挖掘时，多少世纪以来的侵蚀已经把坟堆减小到只有2.5米高。坟堆建好后，其所造成的压力实际上在坟墓上面造成了一个隔绝空气的防护层，这个因素，加上古船下葬位置的潮湿蓝黏土具有的独特保护性，使得古船及与其一起被埋葬的几乎

所有的陪葬品的腐朽程度被降到最小。

不过，这座坟墓在建成以后并非从未被打搅过。在中世纪早期，曾有盗墓者挖掘隧道进入过。他们从船首部位进入船内，破坏了墓室的屋檐，又从破损处进入墓室。两位墓主都是女人，她们的骨架和一些财产都已经碎裂；意料之中的是，考古学家在坟墓中未发现任何珠宝或贵重金属的踪迹。

通过运用年轮分析法对建造墓室的橡木进行分析，确定下葬的时间可能是公元834年。不过，墓葬船应该在这个时间点前许多年就已经被建好，根据对船首、船尾的装饰品的分析，造船的时间大约为公元800年。

除了提到过的一些情况，该船系完全用橡木制造，有21.58米长，船中最宽处为5.1米。这是一艘船舱很浅的船，从船中龙骨基座到船舷的高度仅为1.58米。龙骨的横截面为"T"字形，有19.8米长，由两块木材制成。在距船尾大约4米的位置，两块木材通过铆钉紧固、采用嵌接方法相连。船中位置，龙骨有25厘米深、20厘米宽，宽度从船中位置朝两头不断减小到13厘米。沿船首到船尾的龙骨的基座呈平滑长曲线形，船中位置吃水深度最深，船壳最宽，这使得船只很容易转向。船首和船尾有很多精美的雕刻，材料为精心选择的橡木，通过嵌接方法跟主龙骨所用木材结合在一起。

船壳每侧由12根采用搭接法结合的板条构成，其中9根构成船的底部。第10根板条为大船壳板，承担从船底部到侧面的过渡，第11根和第12根是水线上仅有的两根板条。在板条间搭接的位置，采用浸过焦油的羊毛堵缝，使用圆头铁钉铆接在一起。铁钉尖头采用在使用搭接法铆接时通常使用的套垫片法砸弯。单根板条在船中位置最厚，在朝向船头和船尾的方向逐渐变薄。水线下的9根板条需要薄而韧，它们被修整成2厘米厚，而第11根和第12根，由于需要具有更大的强度，厚度在2.5~3厘米。

通常，大船壳板需要承担结构强化的角色，因此要更厚重。该板在装配时呈倒置的"L"形，在水线位置突出来，以便下面的弯得不太厉害的板条能够跟上面的向上弯曲得几乎与水平面垂直的板条互相衔接。正是这一特点决定了该船具有矮舷、利落的外形，但是低矮的船舷也造成该船在海面动荡时非常容易被水淹。

所有板条内部的连接都采用嵌接式，虽然并不是所有的板条上露出来的结合部都按规矩面朝后方。此外，船首和船尾的"拼凑"迹象是很明显的，但从这些部位的内部强化设施看，它们都能承受住船壳任何潜在的弱点。

充任龙骨翼板的板条用钉子钉在龙骨上，第2根到第8根板条借助沿板条内面上突出的穿透性的楔子，用鲸须捆在17根均匀分布的肋骨上。肋骨的上端都是平的，下面却是有脊的，用于配合从板条木楔上伸过来捆扎在上面的鲸须。第9根板条和大船壳板借助木钉铆接在肋骨的上部。大船壳板也用于连接贯穿肋骨的横梁。横梁下面有榫孔，横梁借助榫孔与垂直设置的撑脚相连接，均被加工得与下面的肋骨相配合。第12根板条构成船舷，上面开凿有15个圆形的桨孔。每个桨孔上面配有一个纵向、面朝后的狭槽，桨叶可以通过这

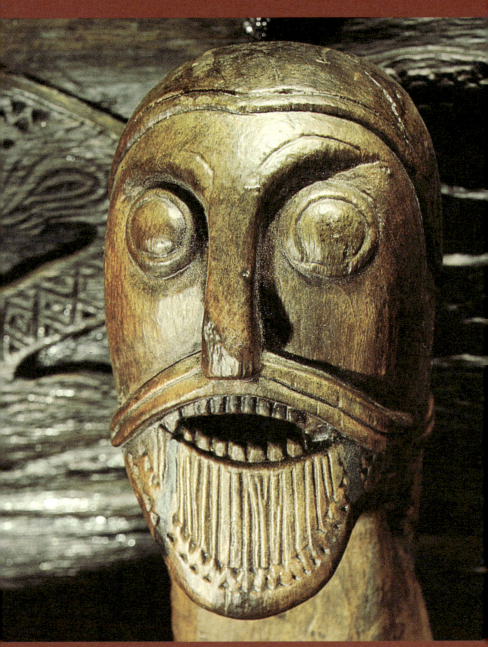

奥塞贝格发现的马车架上的雕刻维京人头像。就像所有保存到今天的艺术品所描绘的维京人形象一样，画中人的上唇和下巴上都留着胡须。（Werner Forman/Universal Images Group/ Getty Images）

个狭槽穿过，这样船桨就能经由这里伸出到船只的侧面。不过，最靠近船首的桨孔没有狭槽，这是因为那里的内部空间过于狭小，无法进行船桨操作。桨孔上没有护板，这意味着并没有让这艘船去波涛汹涌的海域航行的计划。

盾牌架沿船舷设置在船舷面外侧，由细松木板条制成。固定板条的是一些突出的木楔，船只的护盾插在木楔之间的空隙中。按照这种设计，船只可以在不盖住桨孔的情况下，带着安置到位的盾牌划桨前行。

该船的甲板由2~3厘米厚的松木板制成。跟船首、船尾和桅杆每侧所使用的板材固定方法不同，甲板用板材被牢牢地钉在了横梁上。进入甲板下面的通道非常狭窄，这一情况进一步表明，这艘船并非设计用于长途航行和负载沉重的航行。

松木桅杆据估计应该有12~13米高。内龙骨是安放桅杆座的地方，位于龙骨的上方，但两者并不互相连接。相对于这个尺寸的船来说，该船的内龙骨是比较短小的，仅跨越了该船的两根肋骨。该内龙骨每端由两根楔子支撑。插桅杆的底座前部有一个圆头，后部是方的，设计很简单但也非常巧妙，便于升降桅杆，在使用船帆时有支架可以稳固地支撑桅杆座。就在桅杆座前面，内龙骨上延伸出一个垂直的支撑臂，这个支撑臂不仅可用于引导桅杆进入桅杆座，还可以在桅杆脱离内龙骨、穿过跟甲板水平面一样高的桅杆鱼时起到支架的作用。虽然桅杆鱼扩展的幅度在四根横梁以上，但是它跟内龙骨一样，是一种十分脆弱的部件。为了尽可能地对其进行强化，桅杆鱼在头尾方向被加工成弓形，由桅杆前部的横梁支撑，该横梁弯曲到甲板水平面以上，以便能顶住桅杆鱼。

这种设计在高度方向给予桅杆支撑，经证明在使用风帆航行、遭遇桅杆鱼损坏的情况下，可能仅能承受施加在上面的部分压力，必须使用两根铁条修复损坏结构。桅杆鱼的前端是闭合的，十分结实，在后端有一条深槽，桅杆在降低时，可以安放在其中。当桅杆升高时，可以用橡木楔子把深槽塞住。

考古学家在发掘现场曾发现过一根12.5米长的长原木，根据其比例，有些人认为应该是一根帆桁。在考古现场，还发现了本来应该用来将帆桁固定在桅杆上的帆桁固定器（Rakke）。可是在奥塞贝格古船附近并未发现船帆，任何被认为可能是索具的零部件究竟是什么也都是不确定的。几乎可以确定存在的是用来升降、支撑桅杆的前后支索，虽然未发现用于长期拴结侧支索的固定机构，但这些绳索肯定是借助那些穿过船上"L"形撑脚上的孔来固定的。毫无疑问，帆桁、船帆下角和帆耳的绳索的端头是拴结在第2根和第4根肋骨后的固定木楔上的。

通常，橡木材质的船舵是用柔韧的柳条拴结在船的右舷，但在该船上采用的却是松树根。这些松树根穿过船舵和圆锥形的舷外垫木，然后穿过三个舵肋上的孔在船内部打结。船舵颈用由皮条编的皮带绑在船舷上。为了承受操作船舵时产生的巨大压力，这个位置的船舷用朝船尾部逐渐变小的橡木块进行了强化。不过，并未发现舵柄的踪迹。

在船甲板上还发现了15对船桨。这些船桨的长度从3.7~4.07米不等，准备这么多长度不一的船桨的目的，是配合在不同位置船壳的不同弧度，以及距水线的不同长度。桨杆的特点是上面绘有精心设计的图案，以极小的角度逐渐由粗变细，并配有叶形的桨叶。在不使用的时候，它们会被储存到位于船甲板两边的两对大木头叉子上。

所有船桨和船舵都加工得很漂亮，性能良好，但是都没有任何磨损的痕迹，显然从来没有被使用过。由此我们可以确信这艘船在下葬时已经不再使用，非常有可能，船上的一些原始装备已经被拆掉，用于其他的船只，而船上的船舵和船桨只是为了葬礼而专门制作的。

因为在船上看不到固定的划桨座位，我们估计水手划船时是坐在海水箱（sea chest）[1]上的。至少有一个海水箱的大小看上去非常适合用于这个目的；为了防止生锈，海水箱上的结构铁钉甚至有镀锡的头。船上配备有保存完好的铁锚，大约有1米长，10千克重。除了配有橡木锚杆，铁锚上还带有两个用于拴绳索的环，一个在锚杆顶部，一个在锚爪中间。铁锚的制作虽然很讲究，但分量很轻，光靠铁锚自身可能根本无法把船停泊住。有一种理论认为，在驾驶这种船只快速登陆时，将会使用这种锚清理陆地上的障碍物或者岸边的其他船只。

在船上还发现了接近7米长、30厘米宽的松木步桥。在

[1] 海水箱内通常储存有海水，用作船上的消防、冷却等。——译者注

奥塞贝格古船蔚为壮观的船尾，从图上可以看到潜水很深的锋刃状的船舵。
（Werner Forman/Universal Images Group/Getty Images）

船上有一个用于固定步桥的孔洞，孔洞的上缘由于承重深深地陷了进去。

最终，我们要谈论一下该船的了不起的船首和船尾。船首和船尾采用高耸的弓形结构，上面布满华丽的雕刻，在水线以上高耸的部分有5米高，末端为优雅的蛇形螺旋结构。船首和船尾都装饰着呈带状分布的精美动物图案。这些雕刻采用了当时的典型风格，具有高度的秩序性。在弓形结构变成采用螺旋形的部分，图案变得更加简洁，线条描绘的是蛇的身体，在船首部分最终以蛇头结束，在船尾则是以蛇尾结束。

显然，奥塞贝格古船的结构使得该船无法在开阔的海域航行。有一些研究者将这种性能问题归为一种尝试性的设计，属于某种过渡阶段的产物。这种想法在某种程度上可能是正确的。不过，现已经证明，在奥塞贝格古船建造前，维京造船工匠已经发展出了足以跨越北海的船只，例如，793年林迪斯法恩岛上的修道院僧侣们即已经感受过那种船的价值。显然，奥塞贝格古船系专门用于在良好天气状况下、在挪威的有植被遮蔽的短程航路上航行，更为结实的结构在此可能被牺牲掉，以换取这种做特殊用途的船只的宽敞性、舒适性——仅仅作为王后所享有的荣华富贵的一种标志物。

科克斯塔德古船

虽然缺乏奥塞贝格古船所具有的丰富装饰物，科克斯塔德古船仍旧不失为维京造船艺术的一项杰作。科克斯塔德古船的标志性设计，是该船所具有的简洁的线条和质朴的精度，科克斯塔德古船是有史以来最适于航海的船只之一。

该船位于一座直径为43.5米、高5米的坟丘下，位置在挪威西福尔郡靠近科克斯塔德农场的地方，距离奥塞贝格农场也不远。该船于1880年由尼古拉·尼古拉斯（Nicolay Nicolaysen）发掘出土，虽然当时墓穴已经在古代遭受过劫掠，但该船被发现时保存状态出奇的良好，这要归因于围绕在该船周围湿润的蓝黏土。墓室耸立于桅杆的后面，里面有一个六十多岁、体格健硕的男人的骸骼。为了最后一次旅程，他进行了充分的装备，陪伴他的有12匹马、6条狗，此外，最有趣的是，殉葬的竟然还有一只孔雀——这意味着墓主下葬的时代维京人进行过非常遥远的航行，或者跟热带地区存在着贸易来往。

虽然船只建造于大约公元890年，建造的基本方式跟90年前建造的奥塞贝格古船并无差异。这两艘船都属于卡威船，主要设计用于海岸航行，但是科克斯塔德古船相对于前者发展出了几处重要的不同，这使得该船可以在相对安全的条件下穿越北海甚至北大西洋海域。

除了甲板采用松木建造，科克斯塔德古船的其他部分均为橡木构造。在某种程度上，该船要比奥塞贝格古船大，长度为23.24米，船中最大宽度为5.25米。如果采用完整的装备，该船重约20.2吨。

搭接式船壳每侧包括16根板条，较之奥塞贝格古船多出4根，这样一来，该船从龙骨座到船中位置的船舷的高度为

1.95米。科克斯塔德古船的干舷[1] 相当高，还具有比奥塞贝格古船更圆的过渡轮廓。该船龙骨本身系沿径向切削一棵垂直生长的橡树而成，大约有17.6米长，装配方式与奥塞贝格古船类似，形状扁平，略带弓形。不过，相对于奥塞贝格古船，该船所具有的更深的龙骨结构更有意义——在船中部分为37厘米深，在船首部分增加到40厘米深，在船尾部分增加到42厘米深。横截面为"T"字形结构，船中部位的底边为13厘米宽，沿船尾和船首方向逐渐变窄，上部的突出脊为20厘米宽，为船壳提供了一个宽阔、结实的基础。即使在波涛汹涌的海面上，这样一种结实、平衡性良好的龙骨也能让船只在扬帆的情况下，实施各种范围广泛的操作，并减少被淹和倾覆的概率。

在前端和后端，龙骨上嵌接了两个过渡性部件，船首和船尾部分就嵌接在这个过渡性部件上面。在这个位置，龙骨的上部突脊设有榫孔或者沟槽，用于固定板条。所有船首和船尾的上部都是不完整的，这些部分突出于船只安放的黏土床上方，结果在穿越时空隧道的过程中未能保存下来。虽然我们现在已经无法确定它们是如何被损坏的，有一个情况是值得注意的。船首和船尾断裂部位的内侧曲线处于急剧上

下页图：奥斯陆维京舰船博物馆中复原的科克斯塔德古船。（Dea /G. Dagli Orti/DeAgostini/Getty Images）

---

[1] 超出水面的船舷。——译者注

升段，而同一位置的外部轮廓也采用同样优美的曲线，可能破损面位于船首和船尾柱的最宽处。不过，同样很有可能的是，船首和船尾的破损面之所以这样，是因为造船工匠将较薄的板条放进了船尾和船首的后部。

从龙骨开始算，水线下的第1根板条是很柔韧的，通常有2.6厘米厚。龙骨翼板被钉在龙骨上，而第2根到第8根板条借助一体化的穿透性木楔用细云杉树根捆绑在肋骨上，第9根板条则是通过木钉固定到肋骨上。过渡性的第10根板条，也就是大船壳板，在船中部位为4.4厘米厚，也用木钉固定在肋骨和横梁上。科克斯塔德古船有19根肋骨，均顺应橡木枝自然的纹理砍削而来。船前面和后面的最后一根肋骨被设置成舱壁，边上被逐步加工成齐平，好把它们钉在船侧的板条上。每块舱板的底部都有用于排水的穿孔，后舱板也用于固定穿船舵的柳条环。

纵贯肋骨的横梁下面是弯的，目的是为大船壳板提供尽可能大的支撑力，它们的末端都被削成了平的斜面，以配合船侧面的形状。横梁还从一系列垂直的撑脚那里获得进一步的支撑，同时，在船中位置，有一些还得到夹持、固定桅杆的结构的支撑。

由于承担着桅杆的重量，科克斯塔德古船的内龙骨采用的是一块很结实的木材，它搭在龙骨上，横贯四根肋骨。内龙骨长3.75米，高40厘米，在船中部位宽60厘米，然后分别沿船首和船尾方向逐渐变窄。像在奥塞贝格古船上一样，内龙骨与龙骨并不互相连接，但是在该船上两者借助大量的

"L"形撑脚，被钉到了船尾方向的第8、10和11根肋骨上。桅杆座的设计跟奥塞贝格古船的情况一样，第10根肋骨的前部和桅杆底座的特点是上面有同样结实的垂直支撑臂，还用于支撑第10根横梁。

在甲板水平面，桅杆鱼必须足够结实，以夹持30厘米粗、大约13米高的松木桅杆。因此，该桅杆鱼是这艘船上最大的单个部件，而且要比奥塞贝格古船上的桅杆更结实。该桅杆鱼由一块坚硬的橡木切削而来，重约4吨，表面形状为极陡的弧形，沿前端和后端方向逐渐变细，特色是呈鱼尾形。它大约有5米长，跨越6根横梁，插在横梁上的榫眼里。在中心位置，有1米宽、42厘米厚，通过4根附加的"L"形撑脚绑在横梁上。第9根横梁的形状像一块垂直放置的木板，由它下面的肋骨支撑，也为桅杆鱼提供进一步的支撑。像在奥塞贝格古船上一样，桅杆鱼的后面像叉子一样，上面有一条沟槽，桅杆在放低时可以被放到里面，当升起桅杆时，则可以把一块与沟槽配合相当紧的木楔插进沟槽，总之，完全可以为桅杆提供安全的支撑。

作为一种适于海洋航行的船只，科克斯塔德古船的侧面船舷更高，在水线上面有六根船板。在这些船板中，前

下页图：科克斯塔德古船被发现时，其所配置的64面盾牌仍旧保持在原位，船的每侧船舷各排着32面，漆成黑色的盾牌和漆成黄色的盾牌交错排开。图中的动物头像是根据科克斯塔德古船上陪葬品中发现的动物头像柱绘制的。（Artwork by Steve Noon, © Osprey Publishing）

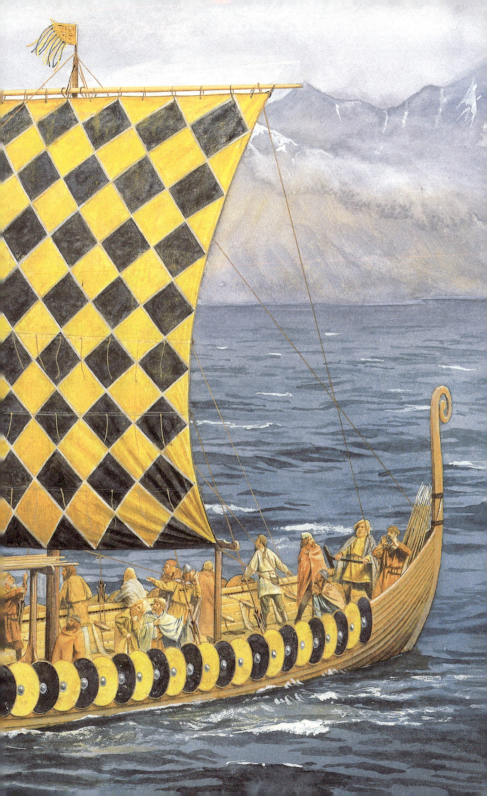

四根板条借助木钉的连接，撑在船舷内侧的四根钉在横梁上的"L"形撑脚上。其中前3根板条大约2.6厘米厚，第4根为了满足设置桨孔的需求，稍微厚点，为3.2厘米厚。每侧船舷上有16个桨孔，除了船首和船尾肋骨之间空间极度狭窄的位置，每对肋骨之间有一对桨孔。肋骨之间间距为1米，因此，可以满足进行最大划桨行程的距离需求。桨孔位于甲板上面大约40厘米的位置；因为没有证据证明船上有桨手坐的长凳，研究者推测桨手划船时是坐在海水箱上，这样他们也能在合适的高度划桨。科克斯塔德古船的桨孔，像那些奥塞贝格古船上的桨孔一样，可以让桨叶从船的内部伸出去，但在科克斯塔德古船上，桨孔可以通过契合严密的圆形木盖封闭上。显然，这种迹象说明维京人有让这艘船穿越波涛汹涌的大海的计划。

在第14根板条上方的最上面的两根板条由木钉钉在一系列上附加的顶部肋骨上，每根肋骨配一个"L"形撑脚。这些肋骨的末端楔入船舷，并向下延伸，搭在靠上的三根板条上，并被牢牢地钉死，用这种方法提供更多的支撑。就在船的每侧船舷下方、靠内侧的位置，有一根带11个矩形开口、开口对应两根肋骨中间位置的板条，构成了盾牌架。科克斯塔德古船被发现时上面有64面盾牌，用椴树皮条绑在盾牌架上。这些盾牌挡着桨孔，交替漆成黑色和黄色，每侧船舷上有32面盾牌，每两面搭在一起的盾牌遮蔽一个桨孔。虽然萨迦认定，在航海时用这种方法把盾牌挂在外面与传统做法不同，但哥特兰岛岩画上所描绘的船只的情况却不支持这种说法。

在船舷内侧的上部板条上还有三对固定在上面的木钉。这些木钉位于船两边、船尾方向算起第一根和第四根肋骨之间，这无疑是用于转帆索、帆角索和用作索具的其他绳索的方便捆扎点。

与奥塞贝格古船不同，该船上的松木甲板没有用钉子钉到下面的结构上，只是贴合地搭在横梁上，这样做的目的是在需要的时候能方便地把这些木板揭起来。这样的设置使得维京人在进行物资打包和存储武器及粮食时，很容易地进入甲板下面的所有空间。这一特点进一步表明，该船按照构想系被设计用于远程航海。就在甲板水平面上方和船内桅杆前面的空间，从船头算起，第七根和第八根肋骨之间，在船的每侧有两个紧紧固定在上面的长方形木块。

这些木块的中间有深深的凹陷，它们到底有什么用途，很多年来始终是一个谜。现在看来很显然的是，它们应该是用来为某种圆木提供支撑的，圆木的末端可以从不同角度塞在凹陷处，在船只逆风转向时，圆木的顶端可以搭在船帆的任意适宜位置，保持船帆布紧绷、面积最大化。考古学家未在船上发现风帆，但根据桅杆和帆桁的可能尺寸，估计船帆有70平方米。有很多圆木跟索具、木块和其他用具放在一

下页图：这条小船系与科克斯塔德古船埋葬在一起的三条小船中其中一条的复制品。在斯堪的纳维亚半岛的部分地区，类似的船只一直被使用到今天。（Keith Durham）

起，但我们只能根据已知的知识猜测索具的具体情况。

如果不进行远洋航行，科克斯塔德古船依靠桨动力航行。船壳的设计是这样的——船舷的大部分跟水线平行，以便能有尽可能多的船桨可以整齐一致地划。无论进行海上劫掠还是登陆突袭，32个强壮有力、经验丰富的水手所能产生的速度，都能使该船在追击目标或者面对更小的轻捷船只时具有行动上的优势。

既然该船乘坐60~70人是完全绰绰有余的，这相当于正常航行所需水手人数的两倍，那么船员采取的可能是两班轮流交替的作息方法。在船首位置发现的船桨，长度范围从5.3~5.85米不等，以适应在甲板上的不同配置位置。桨柄由松木制成，相对较细，沿朝向把手方向逐渐变细，小桨叶为柳叶形。

甲板上还有三根"T"形柱子。其中一根位于桅杆和船尾中间，其他两根位于桅杆和船首中间。其中两根向甲板下方伸展，达到龙骨位置，用木钉和龙骨紧紧钉在一起。第三根柱子就在桅杆的前面，与桅杆鱼紧钉在一起。这三根柱子在甲板上面的部分有2.4米高，其他部分也有4米多长。如我们所见，该船的船桨平均长度大约为5.5米，可以相当确定的是，这些船桨在不使用时，可能还有帆桁，会用搭在这些柱子上的方法存储起来，以保持甲板的整洁。

在船尾，有一小块给舵手使用的高出来的甲板；另外，刀刃形状的船舵安装在右舷的船尾。该船舵由一整块橡木制成，高3.3米，宽42厘米。在船轴线部位，龙骨下面，它继续延伸了50厘米深，这种结构有助于防止船只在抢风行驶时出现侧滑。底端边缘呈轻微的弧线，最末端有一个配有小型金属夹具的足跟状物。当船只航行到浅水区域时，就可以在这个结构上拴一条绳索，把船舵拉上来。该船舵连接到船上的方式，与奥塞贝格古船上船舵与船身的连接方式相同，虽然该船船舵与船壳保持着连接，还增加了相当多的强化措施。拴船舵的柳条的受力是相当大的，在有风吹右舷时，在进入港口时，舵颈环也要承受相当大的力。为了应对这些受力，在船舵筋肋上和船内侧两边、拴船舵的柳条穿过船壳的地方，钉了朝向后方的硬橡木块。此外，在船内舵颈环经过的位置、船舷外侧和下面的板条上，钉了一块10厘米厚的结实木板，舵颈超过船舷上方大约50厘米，上面有一个可拆卸的舵柄。这是该船上唯一一件装饰过的物品，上面有一个张着嘴的小龙脑袋，刷着引人注目的黄漆，正在做吞噬食物状。

该船上配备了一个估计有1.1米长的锚、一块7.4米长的松木跳板和一个容量为750升的装新鲜水的水桶。与科克斯塔德古船一起埋葬的有三条精美的小船、六张折叠床、一个配有装饰过的挡风板的帐篷、一个大铜锅和各种厨房用具。

任何对科克斯塔德古船航海性能的怀疑在1893年均被打消，当时有一艘忠实按该船设计复原出来的船只"维京号"，在船长马格努斯·安德森（Captain Magnus Andersen）的指挥下，在航行了4828千米后，从挪威的卑尔根港（Bergen）赶到美国的芝加哥港参加世界博览会。该船

维京人造船的具体场面。工匠正在把向下搭接的成排板条钉在一起（搭接法），以建造船壳。在前景中，另外一个工匠正在船首位置雕刻令人感到恐惧的龙头。（Artwork by Angus McBride, © Osprey Publishing）

在穿越大西洋的过程中，经历了不同的天气条件，仅用了27天时间就平安地驶抵目的地。船长对该船的表现感到很满意。尽管进入11世纪以后，维京人船只的建造越来越专业化，所造船只的规模也越来越大，但这次见证使得在科克斯塔德发现的令人印象深刻的古船成为古典维京船只至高无上的典范。

11世纪的维京船只建造

如我们在科克斯塔德古船上所见，维京造船工匠能够很好地建造一种能同时满足海盗劫掠和贸易需求的船只。然而，在丹麦斯库尔德拉夫附近罗斯基勒峡湾（Roskilde Fjord）中所进行的打捞行动中，现代研究者有一些独特的发现。根据这些打捞上来的船只，我们知道，截至公元1000年，维京人所使用的军舰和商船之间已经出现了显著的差别，同时，建造方法也相应地发生了演变。

1962年，丹麦考古学家发现并打捞出五艘沉没在水下的非常不同于前述维京船只的船只遗迹，这些古船在11世纪时沉没于一条狭长的峡湾中，以作为一种水下障碍物，阻止对当时正在蓬勃发展的罗斯基勒城的海路侵袭。这次发现的维京古代船只包括长船、小型战船、海岸贸易船、小型货运船和远洋商船，所有这些船只都具有相同的基本结构，为我们展示了维京人的造船技艺。

在该处发现的这些船只也采用了搭接法建造，但是工匠们在具体搭建船只结构的时候，更倾向于使用木钉来铆接板条和肋骨。通过采用这些木钉，船只的结构变得更加结实。桅杆鱼也消失了，取而代之的是一根结实的横梁，这根横梁的位置要比其他横梁高，支撑桅杆和船的侧面，由水平和垂直的"L"形撑脚固定。水线上面，最上面的肋骨也消失了，最上面的板条现在由沿纵向延伸的纵梁支持。横梁仍借助木钉固定到肋骨顶部，借助"L"形撑脚固定到船壳两侧。另外，一些船只的甲板上附加了永久性横梁，用于为桨手提供工作的空间。

沿海用小型商船也安装了经过巧妙装饰过的细长的完整船头。这种船首系用单块的木材劈削而成，上面雕刻了顺应板条曲度的形状，模仿了板条的搭接式结构以便跟板条相衔接。值得注意的是，除了橡木，这些船只的建造还采用了各种各样的木材类型，如酸橙木、白蜡木、柳木、桦木和松木，这表明即使是当时，也已经很难找到合适的橡木用于造船。

维京长船

从11世纪初期开始，斯堪的那维亚半岛的各个君主纷纷开始建设大型战船，到处征兵（ledungen），国王领地内的每个地区都必须建造一些以战争为唯一用途的船只，并提供民兵作为这些船只的船员。这些船只有大有小，主要的功能是在不依靠有利风向的情况下，迅速地运送尽可能多的士兵去发生战事的地点。这造成了真正的维京战船或长船的

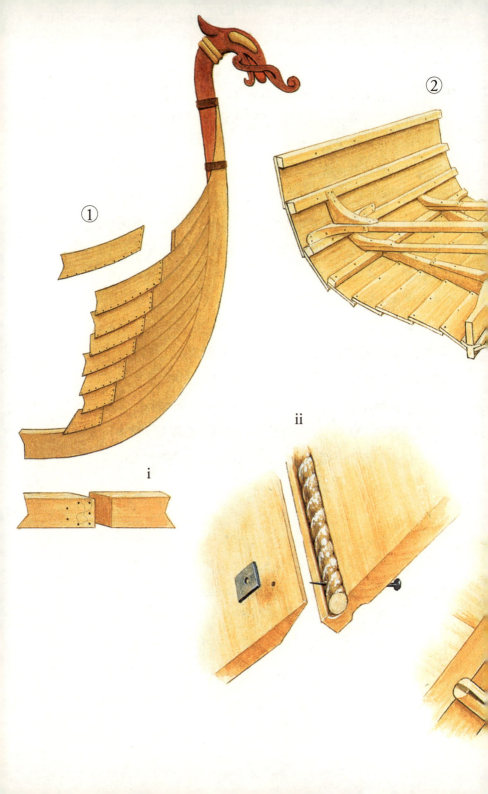

①

②

i

ii

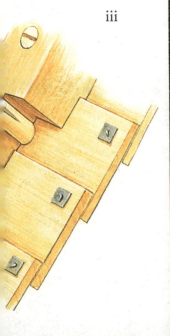

iii

11世纪的维京船只建造

　　图中船首①，系由单块的木材劈削而来，顺应板条的走向进行了雕刻，而那些板条则渐渐变窄，以同龙头部分相衔接。到11世纪，建造的方式②已经变成了用木钉把板条钉到肋骨上。图中可见到铆接点（ⅰ）、垫片、铆钉和浸焦油绳（ⅱ）、肋骨、搭接法连接的板条和木钉（ⅲ）。（Artwork by Steve Noon, © Osprey Publishing）

兴起。

　　这种船长而窄，通常具有7：1的长宽比，在使用船帆航行或众多士兵/桨手的驱动下，其有着令人敬畏的速度。这种船的建造方法和设计都很简单，主要用于斯堪的纳维亚半岛沿岸水域，在北海或波罗的海水域也能像在本土水域一样航行。长船在尺寸上变化相当大，往往是按甲板横梁间的空格数目或成对的桨手座数目来分类，比如配有30支船桨（配15个桨手）的船只叫作十五桨手船（Fimtansessa）。10世纪的《戈拉廷法》（*Gulathing Law*）告诉我们，十三桨手船

（threttansessa）——拥有26支船桨的船——是能够"按照长凳数量统计"的最小的船，这意味着更小的船无法胜任军事用途。斯堪的纳维亚人征发的船只通常有20~25名桨手，但更小的船只在情况紧急时无疑也会被征发从军。为了应对9世纪晚期的维京人突袭，《盎格鲁-撒克逊编年史》告诉我

选自16世纪的《乔恩法典》（*Jonsbok*）版本，该法典系从挪威带到冰岛去的。页面边缘的插图上有一艘在海上航行的长船，对应法律条文描述的是与货运有关的内容。（Werner Forman/Universal Images Group/Getty Images）

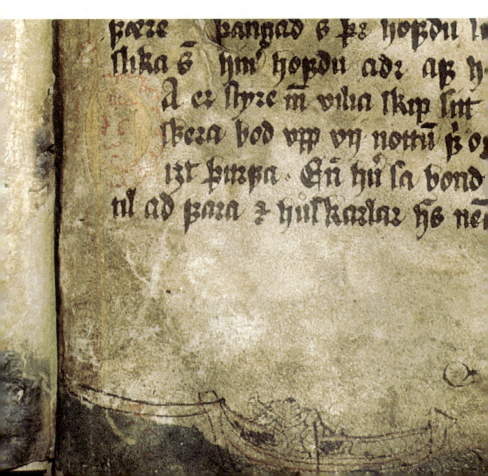

们，阿尔弗雷德大帝建造过有30条桨手长凳或更多长凳的船只，相对于维京船"几乎有两倍长"，这意味着在当时载着维京突袭者到英格兰的维京船，像科克斯塔德古船一样，有15或16名桨手。

在快到10世纪末的时候，出现了很多巨型长船，或称龙船，其中包括奥拉夫·特里格瓦松国王的"长蛇号"，该船上配有34条长凳。1062年，哈拉尔·哈德拉下水了一艘被命名为"大龙"的名副其实的有35名桨手的大船。根据描述，该船"要比普通的战船更宽；尺寸和比例跟'长蛇号'相同，但每一部分都建造得更加细致。船首有一个龙头，船尾有一条龙尾，此外，船首还是镀金的。该船有35对划桨手坐的长凳，（即使）就这种尺寸的船来说这个数量也是很大的"。不过，现代所发现的第一艘长船相对而言要小很多。

莱德拜古船

莱德拜古船（Ladby ship）发现于1935年，系发掘自一位维京人头领位于丹麦菲英岛（Funen）的墓葬中。当时船上仿佛只有幽灵留下的印迹，船身被生锈的铁钉弄得锈迹斑斑，到处是污泥浸染所留下的深色污渍。该船有21.54米长，船中位置只有2.92米宽，长宽比为7：1。相对于科克斯塔德古船4.5：1的长宽比，我们看到的是一种更有进攻性的剑形船。该船的吃水量很浅，从龙骨到船舷只有1.02米高。毫无疑问，该船是一艘战船，船首部位幸存下来的铁螺旋尖上，本来应该装配有一个龙头。

在船中位置的船肋骨上还发现了四个大铁环，估计是用来固定侧支索的。学者们起初对这种样式的船舶的适航性持怀疑态度，认为其活动范围应仅限于沿海水域，后来，丹麦人建造了这艘船的复制品"伊美·格莱姆号"（Imme Gram），并驾驶它穿过北海，由此遂有一种全面颠覆性的理论出现。

斯库尔德拉夫战船

具有相同的长宽比，但年代可追溯到1030年左右的小斯库尔德拉夫战船被称为"斯库尔德拉夫5号"，有17.3米长，2.5米宽。该船的建造遵循11世纪的模式，船壳每边由16根肋骨和7根板条构成，头4根板条是橡木的，上面3根是桦木的。每根肋骨跨一块由活动木板组成、与第三根船壳板条水平的甲板。为了给桨手提供划桨用的长凳，在13根下横梁上30厘米的位置固定了第二套横梁，船两侧最上面一根板条上设有相应数目的桨孔。

该船的建造具有明显的经济性，从最上面三根船壳板条可以明显地看出这一点。它们是从类似的船只上拆卸下来的，上面还有被堵起来的不合适的旧桨孔，适应该船上桨手长凳位置的新桨孔之间的间隔大约为95厘米。该船上还可以看到其他一些维修过的痕迹，这种俭省说明该船可能是作为丹麦罗斯基勒地区的征调船只建造并予以维护的。

在沿着船舷旁边的位置还发现了盾牌架的痕迹。该船搭载30名士兵作为乘员，船帆估计有45平方米，配备26支船

大约公元834年奥塞贝格古船墓葬品中的动物头像细部。
（Werner Forman/Universal Images Group/Getty Images）

桨，属于性能很好的战船，无疑属于贝叶挂毯上描绘的众多船只中的代表级别。

参考在斯库尔德拉夫发现的其他船只，由罗斯基勒维京舰船博物馆的学者、工匠和水手组成的经验丰富的团队，建造了"斯库尔德拉夫5号"的等尺寸复制品"黑尔厄·阿斯克号"（Helge Ask）。该团队参考可靠的考古资料与传统的施工方法，严格采用根据维京时代工具样品复制的工具制造古船复制品，并驾驶它们出海。他们的努力极大地增加了我们对于维京古船和维京人航海状况的知识。

在有良好微风，使用50平方米船帆的情况下，"黑尔厄·阿斯克号"能达到14节的速度；在使用桨动力的情况下，即使逆风行驶，该船也能达到令人敬畏的5.5节的航速。

"斯库尔德拉夫2号"，另外一艘在水下发现的用于封锁城镇外海的船只，是一艘真正的长船。该船由橡木制成，估计本来有大约30米长，3.8米宽。该船每边有12根板条，每根板条仅有2~2.5厘米厚，而内龙骨有13.34米长，显然曾经用于径向强化船壳。该船在满员的情况下可以乘坐60~100人，配备56~60支船桨。在使用桨动力的情况下，即使距离航行目标很远，该船仍可以保持5~6节航速，令人印象深刻。该船的船帆估计有118~120平方米，在顺风航行的情况下在任何水域都可以达到20节的航速。尽管船身很长，但这艘令人敬畏的长船只有1米深的吃水量，这使得它可以像很多小船一样游弋于浅水中。

对船上木材所进行的树木年轮分析测试表明，像这样的大型船只无疑能够穿越波涛汹涌的大海。测试表明该船所用的木材系爱尔兰橡木，所以该船可能是在大约公元1042年维京人的都柏林城建成的，其至少曾经进行过一次穿越北海到丹麦的航行。虽然原始船只只有25%保存了下来，研究者还是从1800块碎片中复原出了完整的龙骨。幸运的是，船尾柱也幸存了下来，上面连有一些直到船舷高度的板条片段。由于该船最关键的尺寸得以保存，维京舰船博物馆决定建造一艘"斯库尔德拉夫2号"的完整尺寸复制品。

这项工程开始于2000年。建造该船使用了大约340棵树木，此外，还用了400千克铁制造船用的7000枚铁钉。建造该船的2000米长的索具使用的是椴树皮、马鬃和大麻，而建造118平方米船帆采用的是亚麻。2004年9月，在经历了四年的辛苦劳作后，伴随着盛大的典礼，完整尺寸的"斯库尔德拉夫2号"复制品在维京舰船博物馆的港湾中下水。

直到1997年，"斯库尔德拉夫2号"仍保持着当时所发现的最长维京古船的纪录。随后，研究者在维京舰船博物馆

下页图："哈弗星斯滕·法拉·格兰达洛号"（Havhingsten fra Glendalough）。复原后的雄伟的"斯库尔德拉夫2号"让我们领略到维京长船的真实面貌。该船名的意思是"格兰达洛的海上公马"，用于纪念该船的爱尔兰前辈[1]。（Sigurdson，Bjorn/AFP/Getty Images）

[1] "斯库尔德拉夫2号"在大约1042年建造于都柏林，所用木材来自爱尔兰威克洛郡（County Wicklow）的格兰达洛。——译者注

旁边发现了9艘沉没在淤泥中的维京古船遗迹。这些船只中的一艘，"罗斯基勒6号"，曾经被鉴定为长船，令人难以置信地有36米长，3.5米宽，使之当之无愧地跻身于"长蛇号"和"大龙号"所属的舰船级别。这艘雄伟的船只建造于大约1025年，几乎可以肯定就是王室的财产，对人们来说，将其跟曾经统治过丹麦、挪威、英格兰和瑞典南部的克努特国王联系在一起是非常有诱惑力的。

该船的橡木龙骨横截面为"T"形，长32米，由一个中段和两个尾段组成，采用较长嵌接头连接而成。横贯头5根船壳板条的肋骨，通常每隔78厘米设置一根，这种设置是为了配合上面的横梁（不幸未能保留下来），使横梁的间距能够满足划桨的空间需求。在肋骨中间，有轻型的半框结构为第三根和第四根板条提供额外的支撑，这些板条的后段借助连接在下部横梁上的纵梁进行进一步的强化。内龙骨仅有一块搭在肋骨上、固定于"L"形撑脚上的碎片幸存了下来。

船帆估计有大约200平方米，配有78个桨位，这个庞然大物驱动起来肯定是一幅令人叹为观止的景象。这艘传奇式的船只，可以轻松地搭载100名武士，船首上的精美龙头无疑强化了该船的好战形象。

长船上的战争与和平

在当时正规的海上交战中，维京人会把己方的船只用缆绳拴成一排，中间是国王或者头领的坐船。然后，就像在872年的哈伏斯峡湾之战和1000年的斯沃尔德之战一样，这些浮动作战平台将互相朝向对方移动，与此同时，每一方更小的战船会试图包抄敌军的侧翼防线。为达到这种目的，高速商船经常被部署在作战队列的尾部，在那里，这些船只上的维京人将把各种各样的投射武器像雨点一样倾泻到更小的敌军攻击船只上。当敌对双方船队队列距离接近到弓箭和投矛的射程之内时，登船作战部队就开始了攻击，任务是清除掉前面每一艘船只上的敌人，直到胜利。

即使在和平时期，也很少在这些船上看到奢侈品。在这种敞篷船上，船上的人经常会因为天气或者海浪的原因浑身湿透，不管在哪里都很难找到能舒舒服服地睡一觉的地方，更别提做其他事情。海上期间，维京人的饮食主要包括鱼干、用水清洗过的肉、酸奶或啤酒。因而通常，大部分船员，除非正在海上做持续的航行，会在夜幕降临时登陆，在干燥的土地上搭起帐篷，在帐篷里相对舒服地准备餐食并睡觉。在科克斯塔德古船和奥塞贝格古船上，都发现了折叠帐篷、大锅和便携炊事用具，这些器具无疑也属于船上的标准设施。如果船只在离开岸边的地方停泊，船帆可以在一个折叠架上展开，遮挡住船中位置的甲板，为船员提供简单的遮风蔽雨的地方。

下页图：维京舰船博物馆收藏的保存很好的"斯库尔德拉夫1号"古船遗迹。请注意观察左舷侧前部、嵌入肋骨的纵向横梁的幸存部分，以及它下面的被称为"beiti-ass"的索具用木块。（Craig Buchanan/Alamy Stock Photo）

维京远洋商船

维京人在10世纪时向西方的扩张，造成了另外一种类型的船只的发展。截至公元870年，维京人已经开始了在冰岛的殖民活动，在985—986年，"红发"埃里克已经率领第一批移民者在格陵兰登陆。五年后，列夫·埃里克森成了第一个踏上北美大陆的欧洲人。一旦在这些某种程度上很荒凉的北大西洋海域的据点定居下来，殖民者就需要从他们的本土周期性地运送必要的物资，然后再用船把他们想带回本土的东西送回斯堪的纳维亚半岛。这些在西方海域所进行的史诗性远航的船只都是海船或远洋商船——北欧人建造的最适合航海的船只。这些船只的船舷很高，很亮很宽，几乎完全依靠一块巨大的长方形风帆驱动。为了顺利穿越北大西洋地区恶劣的海域，维京人在建造这些船只时采用了相对结实的结构。

"斯库尔德拉夫1号"古船，建造于1030—1050年，属于这种类型船只的典型，该船亦属于用于港口封锁的水下障碍物，研究者成功复原了该船的60%~70%。树木年轮分析表明，该船是在挪威西部建造的，具体地点可能是松恩峡湾（Sognefjord），此外，其还曾在驶往丹麦前在奥斯陆峡湾修理过。

该船有16.3米长，船中位置宽4.5米，从龙骨到船舷的高度为2.1米。满载时，船只吃水量为1.3米深。橡木材质龙骨为12.1米长，船尾柱由三段单独的木材嵌接而成。最上段，承接第6根到第12根板条，上面雕刻有对应板条轮廓的线条。船壳每面由12根松木板条构成，其中第5根板条相对于龙骨急剧地倾斜，标志着船底到船侧面的过渡。

　　船壳由14根肋骨强化，在靠近船首、船尾和桅杆后部的位置，还有一些肋骨提供进一步的支撑。据估计，船中敞篷区域有30~35立方米，可容纳24吨货物。在这里，肋骨横贯五分之一的板条，横梁由大量等距离遍布第6根到第11根和第12根的"L"形撑脚加固。内龙骨，长度超过5米，扩展范围超过6根肋骨，其中船中位置肋骨正处于桅杆座前方。在这上面，在第9根板条所在的水平面，有一根由"L"形撑脚支撑并固定在上面的结实横梁。这根横梁和在它上面的一根与第11根板条水平的附加梁，承担支撑桅杆的作用。在上部显然还有4根这种横梁沿着船的纵行平均分布。为了获得额外的纵向强度，第11根板条的上边缘沿纵向添加了结实的纵梁，这根纵梁上有为上面的横梁提供支撑的水平方向的"L"形撑脚。

　　该船的船头和船尾都设有甲板，横梁逐渐减少，以容纳做甲板的板材。位于左舷、甲板水平面、桅杆前方大约3.5米的地方，发现了一块1.25米长的被称为"beiti-ass"的索具用木块。该木块上有三道非常好用的凹槽，在进行逆风转向时，可以把辅助调整风帆的圆材的末端从各种角度插进凹槽中。据估计，该船的船帆为80~85平方米，需要5~8人进行操作。远洋商船在使用人力驱动时可以采用两桨或四桨划行，可以方便地使用辘轳升降大型帆桁。由于吨位太大不能在浅

11世纪的远洋商船

　　需要注意的是，在漫长的旅行中，该船上的船员和乘客一样，都必须忍受毫无遮蔽的恶劣环境，另外，该船配属的小艇也绑在货物上面。除了货物，维京人的船只上总是带着某种形式的压舱物。为了清楚地展示船只的内部情况，该图中省略掉了压舱物（Artwork by Steve Noon, © Osprey Publishing）。

滩登陆，该船后面往往拖着一只小艇，或者把小艇放到甲板上，以便用小艇在岸上和该船之间来回运送货物。

在罗斯基勒，已经建造了一艘"斯库尔德拉夫1号"的精美复制品——"奥塔号"（Ottar）。在适宜的条件下，该船借助风帆能够轻易地达到5~6节的巡航速度。而且，在有强劲顺风的情况下，该船可达到12.5~13节的最大速度。

在10—12世纪，远洋商船出海跨越北大西洋时，船上可能装满了各种牲畜、食品、木材、铁器和移民的全家人以及他们的财产。由于这种船是任由海风摆布的，而且受限于当时的具体情况，从挪威航行到冰岛通常需要5~20天，船甲板上就必须存储尽可能多的干粮和新鲜水。许多船只，不管它们有多适合航海，出海后就再也没有抵岸。

"红发"埃里克率领300名殖民者乘坐总共25艘船从冰岛扬帆去格陵兰时，只有14艘船只安全地抵达了目的地："有一些被迫返回，有一些在大海中沉没。"船只也可能被远远地吹离航道，虽然有时这种意外会导致维京人发现新的土地，就如同布亚尔尼·海尔约尔夫在986年无意中踏上北美洲海岸一样。

维京人当时还不知道有罗盘这种东西的存在，在看不到陆地的时候，他们就根据太阳和星星的位置规划航行路线。不过，他们的很多导航技术，系基于对自然现象的观察和广阔的海洋知识本身。海洋变化的色调显示的是洋流的走向，而看见特定的海鸟和海洋生物也能为确定所在的具体位置提供线索。

这种不断累积的知识会被世代相传给想要了解它们的人，在《冰岛殖民史》（*Landnámabok*）有关如何从挪威航海到格陵兰的内容中，即显然有这种指导：

> 如果想从挪威的赫尔诺（Hernor）去格陵兰的和瓦夫（Hvarf），需要不断朝西航行，然后，你会经过设得兰群岛（Shetland）以北的区域，在晴朗的天气，你可以看到设得兰群岛；在大海看起来像出现在半山腰时，就到了法罗群岛（Faroes）南面；而在冰岛南面，可能会遇到鸟类和鲸鱼。

不过，他们的大部分航行是借助对海岸和本土岩礁的观察来进行的，维京人本土的沿海水域在维京时代肯定充斥着各种各样的小货船。"斯库尔德拉夫3号"就是已知的这样一种古船保存完好的遗迹。

该船采用橡木材质，建造于大约公元1040年，是一艘优雅的小型商船，长13.8米，船中位置宽3.3米，吃水深85厘米。该船的船首和船尾部分都有甲板，敞篷的船中部分空间较大，容积为10立方米，可容纳大约4.5吨货物。

长船时代的结束

到了13世纪，随着规模更大的欧洲王国的国力和政权稳定性不断增强，开始出现范围更加广阔的商贸扩张。利润

维克船复制品。（Ted Spiegel/National Geographic/Getty Images）

成为船只设计的驱动力，不久，具有更深吃水量和更大货物装载量的柯克船（cog），开始取代曾经值得信任的远洋商船。战船遵循着类似的发展道路，身材细长、具有进攻性的长船被放弃，取而代之的是船舷较高、船首和船尾有高耸木制塔楼的船只。维京船流行的时代结束了。

不过，传统总是不会一下子消失，在北半球的偏远地区，尽管它们的时代已经过去了，仍旧有很多水手拒绝放弃那种气质古朴、适于航海的船只类型。所以，直到19世纪末期，挪威北部菲姆鲍英船（fembøring）上的顽强的水手们，仍旧像他们一千年前的先辈一样，纵横于同样的灰色北海上。